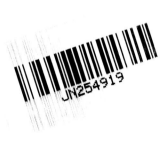

新版

経営診断の基本的な手法を身につける！

コンサルタントのフレームワーク

平賀　均［編著］

Hitoshi Hiraga

Basic Framework for

MANAGEMENT CONSULTING

同友館

はしがき

コンサルタントの現場スキルで、最も基本的なものとしてクライアント企業の現状と課題を論理的、効率的に分析し、具体的かつ実効的な改善提案に結びつける「フレームワーク」があげられます。

ABC分析、プロダクトライフサイクル、3C、PPM、……等。

ビジネス書を読んだことのある方は、一度は耳にした言葉ではないでしょうか。これらは、コンサルタントが活用する「分析の切り口」であるとともに、「思考の枠組み」であり、さらには議論討論を進めるうえでの「コミュニケーションツール」といえます。

本書では、経営問題の解決に実際に役立つ主なフレームワークを厳選し、コンサルティング上の活用例・適用例を、できるだけ図表を取り入れることによりわかりやすく示しています。

決算書を読み解く際、その中心となるのは貸借対照表と損益計算書、そして第三の財務諸表といわれるキャッシュフロー計算書を理解することです。本書では、財務比率分析から始め損益分岐点分析に至るまで、財務分析の実際的手法（＝財務分析のフレームワーク）ともいえる実例をあげています。

キャッシュフロー計算書は、読みこなすことはもとより、実際に作成できなければなりません。キャッシュフロー計算書のつくり方についても基本に絞って解説するようにしています。

さらに、ファイナンスや不動産評価といった実務上の周辺知識を盛り込み、フレームワークを活用した中小企業診断士による実際の企業診断事例とプレゼンテーション例を掲載しています。

コンサルタントが身につけておくべき経営診断の基礎知識と基本的な診断

手法を実践に即してまとめあげたものとなりました。近年、事業性評価の取組みに重点が置かれつつある金融機関の融資実務担当者、企業に勤務する経営企画部門担当者や財務部門担当者、そして経営者個人にとっても、自社の持つ経営資源や取り巻く経営環境を客観的に分析し、課題の抽出や問題解決の方策を見出して、改善策を講じるうえで役立つでしょう。

本書は、一般社団法人東京都中小企業診断士協会の研究グループである、経営支援実務コース（マスターコース）の研究成果発表の共同出版企画の1つです。経営支援実務コースは通称YCSといい、同コースのリーダーであった安田龍平氏（2012年永眠）の頭文字をとったヤスダコンサルティングセミナーの略です。本書は、YCS 11期生を中心とした執筆メンバーによるものです。

経営分析や企業診断に関する類書が多数存在するなか、2010年に発行した旧版はおかげさまで多くの人に読まれ、このたび改訂新版の発行にこぎつけることができました。いまは亡き安田龍平先生のご薫陶と株式会社同友館の鈴木良二取締役の適切なご助言とご支援、そしてYCSの諸先輩方、同期生のご協力があったからこそ上梓できました。ここに改めてお礼を申し上げる次第です。

本書が、経営革新を目指す中小企業をはじめとする関係者の皆さま、コンサルティング業務に従事する方々、そしてこれから中小企業診断士として本格的に実務に携わる方々のご参考になれば幸いです。

2016年10月

編著者　平賀　均

目　次

第1章

フレームワークとは何か

①　ロジカルシンキングとフレームワーク

（1）　ロジカルシンキング

「なぜ、わが社のA商品の売上が低迷しているのか。一度調べてみてくれないか？」

「当社のA商品の売上高は前年比のマイナス幅が著しい。原因を調べないと来期の販売計画が立てにくい。一度分析してほしい」

「A商品が売れていない。何とかしないといけないな」

経営コンサルタントならずとも、ビジネスパーソンなら一度は出くわす、上記のような質問、上司からの指示、経営者からの問いかけ……。あなたなら、どう対処しますか。

とりあえずアトランダムに原因と思われる項目を紙に書き出す。あるいは、付箋やシールに原因と思われる項目を記入し、あとで似たような原因をひと括りにまとめて要素ごとに整理する。またはディスカッションやブレーンストーミングで原因と思われる項目の洗い出しを行う、等々。いずれも、オーソドックスな手法といえるでしょう。

しかしながら、販売部門担当者からは「商品に問題があるから」、企画開発部門担当者からは「いい商品だから、販売が力を入れればもっと売れるはずだ」といった声が聞こえてきそうです。企業の規模が大きくなり、部門が独立すればするほどこうした自己防衛的な見方や考え方が跋扈し、客観的な見方ができにくくなるようです。

一般的には、「商品の機能が陳腐化してきており、そろそろ新商品投入の時期である」とか、「関西地区の売上減少が一番の要因だ」とか、あるいは

「他社の安売り攻勢に押され気味」など、原因と思しきものはいくつかあげることができるでしょう。しかし、やたらに原因と思われる事項をあげても、まとめるのに時間がかかり、重複や列挙漏れが、出てくるかもしれません。

原因追究、問題解決のためには、論理的な思考が求められます。**ロジカルシンキング（＝論理的思考）**の目的は、短時間で（＝効率的に)、よい答（＝最適解。ビジネスの世界では必ず正解があるわけではありません）を出すことです。

論理的思考で最もスタンダードなツールとして、フレームワークがあげられます。本書では、「**フレームワーク**とは『**思考の枠組み**』のことであり、『**分析の切り口**』である」と定義します。

FRAMEWORK ＝ ①骨組み、枠組み、構造物
②機構、構造、骨子 （『ジーニアス英和辞典』）

フレームワークは、経営戦略や事業戦略、マーケティング戦略等の分野で、研究者が開発し、経営コンサルタントがクライアントの問題や課題の分析のために活用し、編み出されてきたものです。

フレームワークには、

MECE （ミーシーまたはミッシーと発音）
＝ Mutually Exclusive and Collectively Exhaustive
（相互に排他的な項目による完全な全体集合／**モレやダブリのないこと**）

と呼ばれる、分類をする際に注意すべき基本的な考え方が根底にあるとされています。

(2)　ロジックツリー

それでは、冒頭の「A商品の売上高低迷の原因」について、フレームワークを使って考えてみましょう。ここでは思考の枠組みとして「ロジックツリー」を活用します。

ロジックツリー（Logic Tree／論理の木）とは、物事を論理的に分析・検討するときに、その論理展開を**樹形図**に表現して考えていく思考技法です。ピラミッド型に縦に並べる場合が多く、**ピラミッドストラクチュア**とも呼ばれます。

問題解決に使う場合には、各階層（枝）の内容は同じレベルとし、また、上（左）位から下（右）位への階層（枝）は2〜3つ程度、多くても5つぐらいまでがよいとされています。

ロジックツリーでは、先に結論を述べ、あとからその理由をあげていくのがベストだとされています。厳密にいえば、原因を究明する「WHYツリー」と、解決策を考える「HOWツリー」があり、用途によって使い分けます。

ロジックツリーは、まず書くことから始めます。書くことで自分の考えを整理できますし、**可視化（＝見える化）**することで、筋道が立っているかどうかを自分で確認できます。そして、思考の過程では、常に以下のように自問し、次の階層（枝）へ展開していくことが重要です。

Why So？（なぜ、そうなるのか？）
So What？（それで、何なのか？）
Another？（他にないのか？）

トヨタ自動車では、「“なぜ”を5回繰り返す」ことで、原因ではなく真因を追究する仕事のやり方がカイゼンの基本にあることをご存知の方も多いのではないでしょうか。

具体的には、1つの構成要素から枝分かれさせながら、構成要素を何層にも並べて原因を追究していきます。ここでは、その分析の切り口として、マーケティングの**4P**［Product（**商品**）、Price（**価格**）、Promotion（**販売促進**）、Place（**販売チャネル**）］を構成要素に設定してみました。漠然と構成要素をあげるよりも、あらかじめ切り口を決めておくほうがモレやダブリがありません。

図表1-1-1がそのイメージ（WHYツリー）です。ロジックツリーの構成要素では、事象だけでなく、図表の右側に枝分かれすればするほど裏付けとなる数値や事例を用意しておくことになります。

しかし、この分析には限界もあります。たとえば、原因分析のレベルとして、経済・政治も含めたマクロ環境や、業界全体を取り巻くミクロ環境等を分析の範疇としなくてはならない場面も出てくるでしょう。その場合には、第2章で詳述する**PEST分析**や**5フォース**を使うことになります。さまざ

図表1-1-1　マーケティングの4Pによるロジックツリーのイメージ

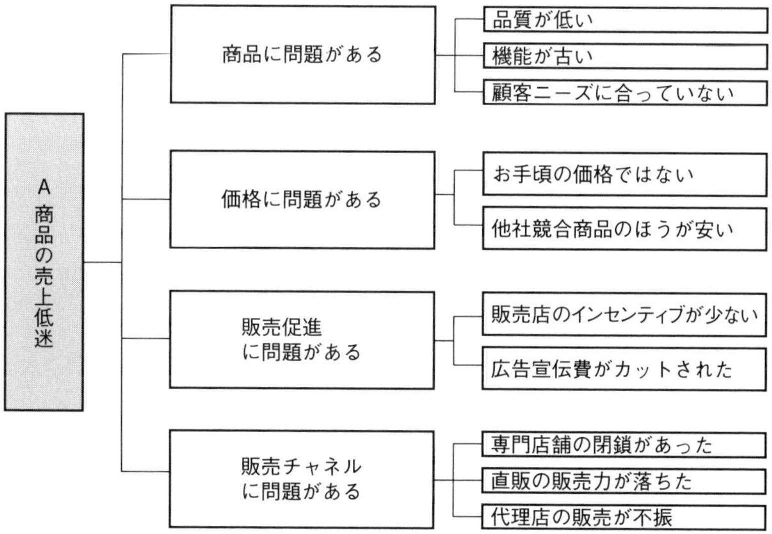

まなフレームワークを併用すれば、ダブリはでてきます。しかし、多少のダブリはあっても、モレがないようにすべきです。そうでないと、「Another（他にないのか？）」をあとで連発することになるからです。

もう1つの例（何を調査の対象とするかというHOWツリーのイメージ）をあげましょう。

「地方中核都市であるB市への出店を検討したい」という課題に対しては、たとえば、**3C**［Company（**自社**）、Competitor（**競合**）、Customer（**顧客**）］の切り口から現状をみることで分析の範囲が特定でき、無駄を回避して、仕事（ここでは出店調査）を効率的に進めることができます。

図表1-1-2　3C分析によるロジックツリーのイメージ

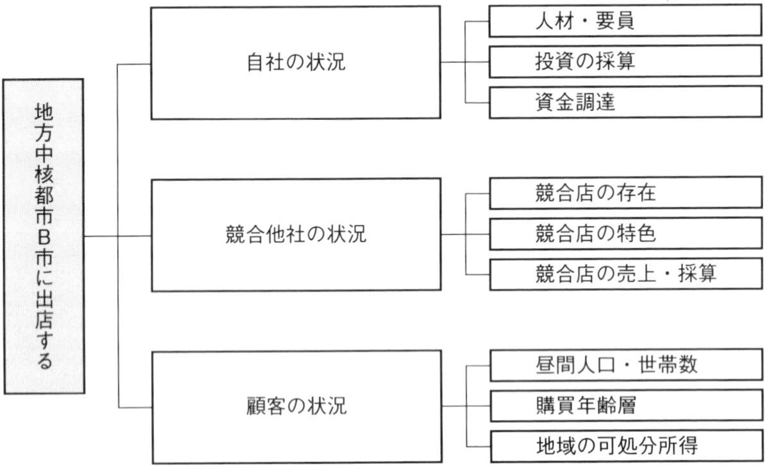

この例で、「地方都市への出店」ではなく「駅前への出店」となると、業種や店舗形態にもよりますが、「駅の乗降客数（西口と東口ではどうか、昼間と夜間ではどうか）」、「商圏（顧客はどこから来るかの想定）」等の分析検討項目が必要になり、よりミクロの展開が求められることになります。

(3) コンサルタントのフレームワーク

フレームワークは、物事を筋道立てて考える際、その筋道を示すものといえます。

フレームワーク(=思考の枠組みや切り口) を習得していけば、複雑に絡む問題や専門知識が乏しい分野に関しても、不足する知識を情報収集によって臨機応変に補い、妥当な結論に短時間で到達することが可能になります。それはまた、いち早く効果的な対策を打つことにつながります。

スピーディーに解決策を打ち出さないと、その間にも状況は刻々と変化し、手遅れとなる事態に陥ったり、あるいは競合する他社の後塵を拝するといったことも起こるでしょう。

さらに、フレームワークは**共通の枠組み**を前提とするために、グループ全体で討論する際には、自分の考え方が整理できると同時に、**他人の視点・考え方を思考に活かす**ことができます。フレームワークは、調査チームやプロジェクトチーム、そしてコンサルティングメンバーが議論討論を進めるうえでの**コミュニケーションツール**でもあるのです。職制の上位にある人や影響力の強い人からのいわゆる"鶴の一声"で、思考停止をもたらさないためにも、客観的な分析に必要不可欠なツールといえるでしょう。

ただし、フレームワークは、事象をわかりやすく整理するためには重要なツールですが、解答そのものではありません。

本書では、駆出しの経営コンサルタントや、企業の経営診断および指導に実際に携わる方、あるいは経営者や経営管理部門担当者が企業の経営分析を行う際に有効と思われる主なフレームワークを選び、その内容、コンサルティング上の情報収集の仕方、実際の活用事例等を紹介していきます。

②　経営診断プロセス

（1）　経営診断とは

本書では、「**経営診断**とは、販売・財務・人事労務・生産・システム等の総合的な観点から企業の現状を把握し、経営課題を抽出し、その解決の方向性を示し、戦略的な改善提案を行うこと」と定義します。

従来の経営診断は、主として当該企業の過去の財務諸表から経営指標を算出し、業種業態比較、規模比較、推移比較等の分析を行うことによって、**問題点**（＝経営上のマイナス面）を指摘して、**課題**（＝解決すべき問題点）を明らかにし、そして総合的な**改善提案**を行ってきました。

今日でも、その基本となるところは不変ですが、経営環境の構造的変化に対応し、3年ないし5年先の近未来を予見して、そのビジネスプランを策定し、その実現のための支援性を高める方向にあります（「経営診断・支援原則」（中小企業診断協会）2002年12月制定）。

経営診断の主体は、**経営コンサルタント**[1)]です。個人の経営コンサルタントとしては、中小企業診断士、経営士などがあげられます。法人では、タナベ経営、船井総合研究所など、数多くの**コンサルティング・ファーム**[2)]が活動を行っています。また、PPM（プロダクト・ポートフォリオ・マネジメント）の開発で有名なボストン・コンサルティング・グループ、大前研一氏

1）経営コンサルタント＝企業経営などについて、コンサルティングを行うことを職業としている専門家。コンサルティングとは、業務または業種に関する専門知識をもって、主に企業に対して、外部から客観的に現状業務を観察して、問題点を指摘し、原因を分析して、対策案を示して企業の発展を手助けする業務を行うこと。

2）コンサルティング・ファーム＝コンサルティング業務を行う会社のこと。

やトム・ピーターズ氏のように世界的に著名な経営コンサルタントを輩出しているマッキンゼーなど、経営戦略コンサルティングに実績のあるコンサルティング・ファームがあげられます。さらに、野村総合研究所、日本総合研究所、三菱総合研究所といった**シンクタンク**3)も、コンサルティング部門を有し、組織的な運営を行っています。

「クライアントから依頼されたテーマに関して、調査・分析を行い、企業や部門別の問題点・課題を整理し、体系化する。そして、企業の戦略や戦術を構築し、改善提案をプレゼンテーションで示す」というのが一般的・基本的な**コンサルティング**のやり方で、主として、中堅・中小の企業診断ではオーソドックスなスタイルです。

これに対して、コンサルティング・ファームやシンクタンクでは、コンサルタントがクライアントである企業の中に一歩踏み込んで入っていき、クライアントと一緒にコンサルティングのプロジェクトを運営推進するというスタイルが主流になりつつあります。主に大企業を中心に、比較的時間とコストをかけて行う方法ですが、経営診断の方法も時代の流れを反映して変化してきているといえるでしょう。

(2) 経営診断のプロセス

経営診断の方法について、大企業を対象にする場合と中小企業を対象にする場合とでは、違いがあるのでしょうか。

すでに述べたように、コンサルタントとクライアントの社員が一緒にプロジェクトに参加して、問題分析と課題解決にあたるといった運営形態の違いのほかに、データ収集のボリューム、分析内容の量と質、ヒアリング対象の範囲とその精度、データの加工処理量とそのスピード等、当然のことながら規模のメリットによる相対的な違いはでてきます。しかし、情報の整理・分

---

3) シンクタンク＝諸分野に関する政策立案・政策提言を主たる業務とする研究機関。

析から改善提案へ至る一連の経営診断のプロセスは、基本的に変わらないといってよいでしょう。

経営診断のプロセスは、大きく次の5段階に分けることができます。

Ⅰ　経営者へのヒアリング・関係者へのインタビューを行う
　　実際に、店舗・施設を見学・調査する
Ⅱ　入手したデータをもとに、現状を分析する
　　クライアント企業の問題点・課題を整理する
Ⅲ　戦略思考に立った改善提案、具体的目標の提示を行う
Ⅳ　プレゼンテーション
Ⅴ　改善のための戦略・戦術を実行へ移し、効果を測定する

図表 1-2-1　経営診断のプロセス

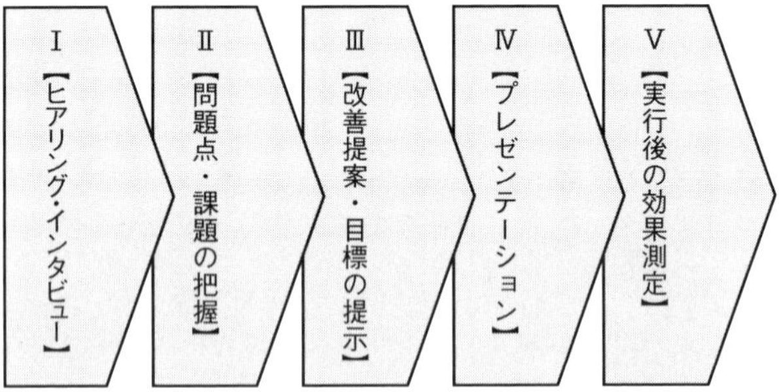

「Ⅰ　ヒアリング・インタビュー」から始まって、現状を分析しながら「Ⅱ　問題点・課題の把握」をしつつ、「Ⅲ　改善提案・改善目標の提示」を行います。そして「Ⅳ　プレゼンテーション」（＝「**企業診断報告書**」の作成、「**経営診断支援報告会**」の実施）までが一般的です。

「Ⅴ　実行後の効果測定」は、通常「事後診断」として、クライアントが

改善提案を受け入れたその数ヵ月後に、効果測定のために再診断を実施します。これは、顧問先企業の診断として定点観測や経過観察を行う以外は、ケースとしては少ないでしょう。

（3） 仮説思考

経営者に対するインタビューや経営幹部・従業員に対するヒアリングは非常に重要です。なぜなら、クライアント企業のトップが、何を問題点として、どう改善したいのか、そして、経営幹部や従業員が、いま何を不満と思っているのか、どういう状況にあるのか。それらを短時間で生の声として聴き、把握することができるからです。実際、経営者に一度話を聴き、現場を見れば、かなり高い確率でその企業の問題点がはっきりします。

一次データ（＝決算表や売上明細表等の企業が保有するデータのこと）や、**二次データ**（＝外部に公表されている統計データ等）から得られる情報を分析する以前に、いち早く企業の問題点の核心を捉えることができるのです。

むしろ、インタビューやヒアリングを通じて、「問題の本質はここにあるのではないか」という仮説を立てたうえで、経営診断プロセス上の一連の作業、思考を行い、それを裏付けるデータの収集（ケースに応じて従業員へのアンケートを含む）を重点的に実施するほうが、効率的で効果的です。

決算資料をはじめ、ようやく収集した膨大な資料を整理して、それを分析している途中で、あの資料も必要だ、そうだ、ここをもう少し掘り下げようと思っているうちに時間切れとなり、分析が不十分なまま経営改善提案がおろそかにならないように留意します。また、せっかく分析し、提案した内容が的はずれであったり、時宜を得たものでないと、肝心の経営者の関心を捉えることはできません。

なお、仮説が間違っていたら、元に戻って修正をしていきます。仮説を立てずに漠然と分析するより、はるかに近道を行くことができます。

デキる経営コンサルタントは、経営者へのヒアリングにおいて、会話の中から経営者の関心の所在を聴きだすようにしています。

「御社において、強みは何でしょう？」

「逆に、問題点はどこにあるとお考えですか？」

この2つの質問は、コーチングの質問の仕方として特に大切なものです。

仮説思考にもとづいて分析を進めていくうえで、フレームワークを有効に使いたいところです。

効率的、効果的な分析になるよう努めますが、改善提案の内容は、クライアント企業の現場に即した、血のかよった思いやりのあるものでなければなりません。経営者とともに働く従業員にとって、未来志向で、夢のある、そして現実性のある具体的な提案を行うことによって、コンサルタントとして顧客の信頼を勝ち得たいものです。

（4） プレゼンテーション

失敗する経営者の行動には、ある種の共通するパターンがあります。それは、「自社に関する歪んだ現状認識」です。それによって間違った作戦を展開してしまうのです。トップの現状認識の誤りは、その会社に大きな災いをもたらしてしまいます。コンサルティングの究極の目的は、相手を説得することではなく、あくまで、「会社の現状を認識して」「改善策を実行に移すために」「自ら納得して行動してもらう」ところにあります。

聴き手であるクライアントが一緒に考える姿勢になったとき、そのプレゼンテーションは成功したといえるのです。

プレゼンテーションでは、「短時間でポイントを伝える」ために、結論を先に持ってきて、理由や具体例はあとから徐々に示していくのがコツです。そして、論理的で、シンプルで、わかりやすく説明、発表します。

特にパワーポイントを使用する場合は、標題の文脈を絞り込み、**「ワンセンテンス」（＝一言で言い得て妙）**を目指します。

第2章

コンサルタントの実践的フレームワークと活用例

●経営診断プロセスとフレームワーク

現在、**わが国の中小企業数（会社数＋個人事業者数）**[1)]は約357.8万者で、全体に占める割合は99.7%です。ほとんどは中小企業であるといっても過言ではありません。したがって、中小企業の経営分析の方法を知り、理解を深めることは、極めて意義のあることといえます。

「一般社団法人中小企業診断協会」による**「経営診断のプロセス」**は、①経営診断ニーズ確認、経営実態把握、②経営環境分析、③経営資源分析、④経営課題抽出、⑤経営改善提言・経営革新提言、⑥全体最適調整、⑦経営診断報告、⑧経営改善実行支援・経営革新実現支援、⑨経営診断成果評価、⑩事後支援という10のプロセスに区分しています。

オーソドックスな「企業診断報告書」の構成は、**図表2-0-1**の中段にあるとおり、〔基礎診断〕企業の沿革→経営者→経営理念、〔部門診断〕経営戦略→販売・営業→財務・会計→人事・労務→システム、〔総合診断〕という章立てになります。業種によっては、製品開発、生産・技術、仕入・商品、店舗施設、物流、資材・購買・外注、国際化、環境保護といった部門診断項目があげられます。部門別あるいは、全体として、**「現状」⇒「問題点・課題」⇒「改善提案」**としてまとめます。

経営診断プロセスに沿って活用できる有効なフレームワークをあげると、**図表2-0-1**の右段のようになります。

このほかにもさまざまなフレームワークがありますが、本章では、中小企業の経営診断にあたって、実践的で活用しやすい主要なフレームワークを12に絞り、以下にその詳細について述べていきます。

---

1)「平成28年経済センサス―基礎調査」（総務省）による。なお、中小企業者の範囲は、資本金3億円（卸売業1億円、小売業・サービス業5,000万円）以下の会社または常時使用する従業員数が300人（卸売業・サービス業100人、小売業50人）以下の会社および個人である（中小企業基本法）。

図表 2-0-1　経営診断プロセスとフレームワーク

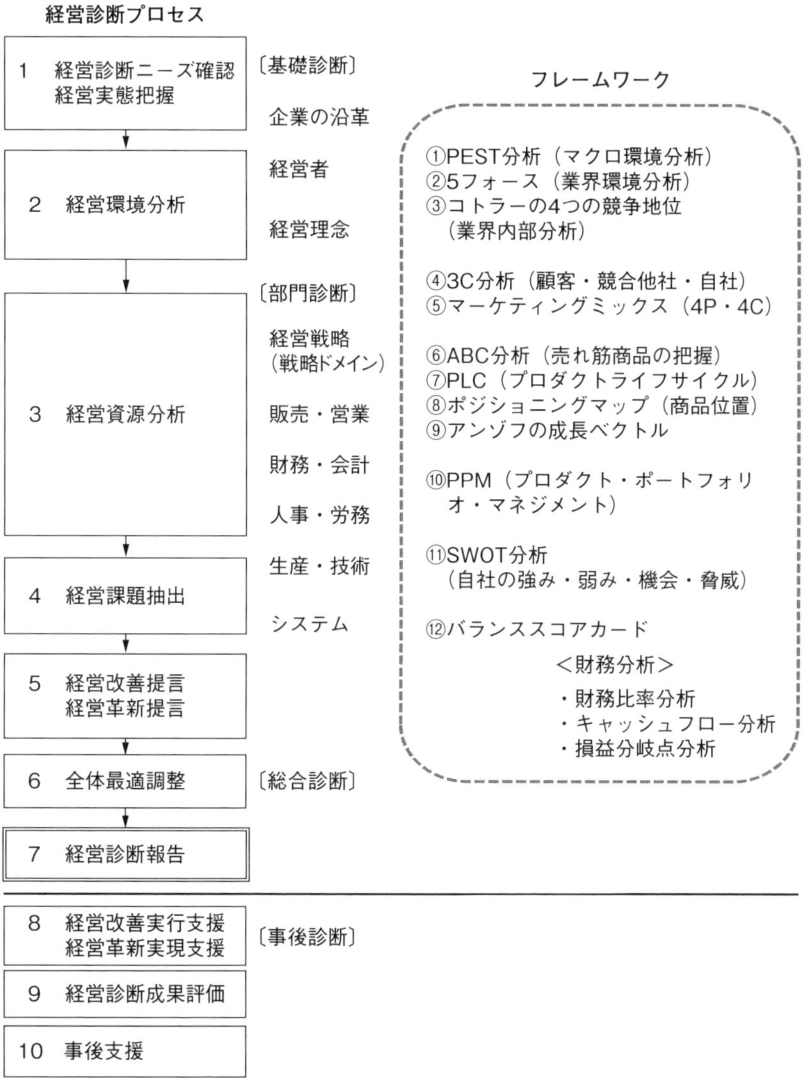

①　PEST分析

（1）　マクロ環境を把握する

企業が戦略的な意思決定をする際には、自社を取り巻く外部環境および自社が置かれた状況を正しく認識することが必要です。外部環境は、企業にとって統制不可能な「マクロ環境」と準統制可能な「ミクロ環境」に分けられます。このうち、マクロ環境を分析するフレームワークがPEST（ペスト）分析です。PESTとは、**政治的（Political）環境、経済的（Economic）環境、社会的（Social）環境、技術的（Technological）環境**の頭文字をとったものです。4つの要因を切り口とすることで、マクロ環境の膨大な情報を効率的に調査・分析することが可能となります。

PEST分析を行う際には、その目的をはっきりさせておくことが大切です。SWOT分析（第２章⑪参照）を実施するための外部環境分析ツールとして利用する場合には、分析結果を機会と脅威に分けて考える必要があります。また、海外展開を検討している国内企業が、進出予定国のマーケット環境を調査する場合には、マーケットとしての魅力だけではなく、リスク要件を明確にすることも必要となります。これについては、のちほど例をあげて説明します。

（2）　政治的環境

政治的（Political）環境とは、政治や法規制などが企業に与える影響のことです。政権交代や法改正などによって業界のルールそのものが変わってしまうこともあり、企業活動に大きな影響を及ぼします。

たとえば、2007年6月に施行された改正建築基準法です。この改正は、

2005年に発覚した構造計算書偽装（耐震偽装）問題を受けて、建築確認の厳格化を謳ったものです。これにより、建築確認申請の手続きが遅れ、住宅着工戸数の大幅な減少を招き、住宅業界や建設業界に大きな影響を与えました。

2014年6月に施行された改正薬事法（2014年11月から薬機法に名称変更）では、医薬品のインターネット販売が解禁され、要指導医薬品を除き、正式に一般用医薬品（第一類および第二類医薬品）のネット販売が認められました。これにより、ドラッグストアや異業種によるネット販売への参入、ネット販売業者による薬剤師の24時間リアルタイム問診サービス開始等、新たなビジネスチャンスが拡がりました。

2016年4月に施行された改正電気事業法では、家庭などに向けた電力小売りが全面自由化され、電力会社や電気料金プランを自由に選べるようになりました。これにより、ガス会社や通信会社等が参入し、地域の大手電力会社による独占から競争へと市場環境が変化しました。

これらの例が示すように、政治的環境の変化は、企業にとって新たな機会となる場合もあれば、致命的な脅威になる可能性もあります。企業は、政治や法規制などの動向に対する情報収集を怠らず、将来の変化をにらみながら意思決定をしていく必要があるのです。

（3） 経済的環境

経済的（Economic）環境とは、景気や価格変動（インフレやデフレ）、為替などの経済情勢が企業に与える影響のことです。経済情勢の変化は、企業が生みだす付加価値に対する評価を変えてしまうこともあります。

たとえば、原油価格やレアメタルなどの国際価格の上昇は、それらをもとにして製品を製造している日本の製造業界に大きな影響をもたらします。為替相場は日々変動していますが、円高になると原材料や製品を輸入している業界は相対的に安く買うことができるため、円高差益を享受することができます。その一方で、自動車業界など、日本で製造した製品を海外に輸出している企業は、海外での外貨建ての販売価格を変えなければ、円高により円換算額が少なくなるため、売上と利益が低下します。円安の場合は、これと逆の現象が起こります。

将来の経済的環境の変化に対して、変動リスクを最小限に抑えるか、あるいはリスクをビジネスチャンスと捉え積極策をとるかで、企業の戦略は変わってきます。前者の例としては、為替予約や現地生産化による為替リスクの分散などがあります。また後者の例は、外貨建て資産の保有や資産価値の上昇を見込んだ不動産への積極的な投資などがあげられます。

（4）　社会的環境

社会的（Social）環境とは、人口動態、消費者意識やライフスタイル、文化や宗教などの変化のことで、企業のマーケティング戦略に影響を与えます。

いくつか例をあげてみましょう。日本では急激な少子高齢化が進んでいます。教育業界にとって、大学の定員割れなど子供を対象として考えた場合には脅威といえます。一方、高齢者を対象として考えた場合、生涯教育を意識したカリキュラムを充実させることなどにより新たなマーケットが創出される可能性があります。

食の安全・安心への関心の高まりにともなって、小売業では、野菜や果物の生産地と生産者を表示する、食品業界や飲食業界では、原材料の産地表示などトレーサビリティ（追跡可能性）を意識するなどしています。

日本では、地域によってだしの取り方や味に対する嗜好が違います。いまでは定番となったコンビニエンスストアのおでんですが、日本全国に展開しているコンビニチェーンでは、全国を複数地域に分け、それぞれに対応するつゆを用意しています。

宗教については、日本ではあまり意識されてきませんでしたが、海外展開やインバウンド需要の取り込みに際しては注意が必要です。イスラム教徒は豚肉を食べないなど、宗教によって食事や生活様式、道徳的規範などが異なるからです。

（5） 技術的環境

技術的（Technological）環境とは、技術革新（イノベーション）や特許、新技術の普及などが企業に与える影響のことです。新技術を開発し事業化することにより、業界内での競争構造を変えてしまう可能性もあります。

たとえば、無名の中小企業であった東京通信工業（現在のソニー）は、トランジスタの特許を取得し、日本初のポータブル・トランジスタラジオ「TR-55」を開発し、世界的な企業となる礎を築きました。

IC（半導体集積回路）は、1 個の半導体チップに集積されるトランジスタ数が約 2 年ごとに 2 倍に増加するという「ムーアの法則」に従って、集積度を向上させてきました。集積度の向上は、IC の小型化、処理速度の高速化、消費電力量の減少、製造コストの低減などをもたらします。これにより、パソコンや携帯電話、デジタル家電などを製造している企業は、製品の小型化・高性能化を実現することができました。

21 世紀になって最も大きな技術革新は、インターネットでしょう。インターネットを利用することで、人類がアクセスできる情報量が飛躍的に増加し、さまざまなシーンで企業や個人のビジネスチャンスが増えました。広告媒体、SNS やブログなどのオンラインコミュニティ、商品や株式などのインターネット売買、仮想商店街（バーチャルモール）でのショッピングなどです。

スマートフォンの普及は、その利便性をさらに高めています。現実の店舗（リアル）とインターネット通販（ネット）を融合させて新たな販売チャネル（オムニチャネル）をつくる試みも行われています。

（6） PEST 分析のまとめ

4つの要因をまとめると、**図表 2–1–1** のようになります。

図表 2–1–1　PEST 分析のまとめ

環境要因	一般的な項目	具　体　例
政治的環境 （Political）	政権 法規制・法改正 政府・地方自治体の動き	事業仕分け、アベノミクス 電力自由化 TPP 協定
経済的環境 （Economic）	景気 価格変動（インフレ・デフレ） 経済成長率、株価、為替	バブル経済 原油価格の上昇 円高（円安）、金融緩和
社会的環境 （Social）	人口動態 消費者意識、ライフスタイル 教育水準、治安 文化、宗教、言語	少子高齢化 食の安全・安心志向 大学進学率の増加 宗教による食事の制約
技術的環境 （Technological）	技術革新（イノベーション） 特許 新技術の普及	IC の集積度の向上 トランジスタ特許の取得 インターネット、スマホ

マクロ環境分析においては、この4つの切り口以外にも、政治的要因と法的要因を分け環境要因を加えた「PESTEL」（Political、Economic、Social、Technological、Environmental、Legal）や、さらに倫理的要因を加えた「STEEPLE」（Social、Technological、Economic、Environmental、Political、Legal、Ethical）などもあります。実際の利用に際しては、分析対象となる企業にとって最も適したモデルを使用するとよいでしょう。

マクロ環境分析を実施する際には、分析対象となる企業の事業領域やマーケティング領域を考慮して、その分析範囲を適切に設定する必要があります。たとえば、その企業が輸出等により製品を国外で販売することを考えている場合には、グローバル経済に加え、輸出対象国を中心とした PEST 分析を実施するのがよいでしょう。一方、日本の特定地域を中心に事業展開している企業の場合には、地域経済や地域資源、インフラの整備状況、地域文化や嗜好などについても分析する必要があるでしょう。

このように、PEST 分析では、分析対象となる企業の特性を十分考慮して、モレなくダブりなく実施することが重要です。

（7） PEST 分析の活用事例

それでは、海外展開を検討している国内の中小企業を例にとって、PEST 分析をしてみましょう。日用品を製造販売する A 社が、B 国へ進出し、同国に工場を建設して、同国市場での販売を考えているとします。この場合の PEST 分析の結果は、**図表 2-1-2** のようになりました。

図表 2-1-2 PEST 分析の活用事例

環境要因	項　目	分　析　事　例
政治的環境（Political）	政権 法規制・法改正 裁判制度、判例	親日派の保守政権、政権基盤は弱い 外国資本を優遇する法案が成立する見通し 公平性・透明性の高い裁判制度
経済的環境（Economic）	景気 価格変動（インフレ・デフレ） 経済成長率 株価、為替	不動産価格が上昇傾向 物価・賃金は相対的に低い GDP 成長率は高い 地域によってはインフラの整備状況は良い
社会的環境（Social）	人口動態 消費者意識、ライフスタイル 教育水準、治安 文化、宗教、言語	生産年齢人口は増加 中流階級が増加 公用語は現地語と英語 理工系の優秀な人材が確保可能 キリスト教とイスラム教
技術的環境（Technological）	技術革新レベル 特許 新技術の普及	優秀なサプライヤーの確保は難しい 特許制度はあるが模倣品が多い 携帯電話・インターネットの利用者は増加中

A 社の場合、工場建設に際しては、インフラの整備状況、優秀なサプライヤーや質の高い労働力の確保といった観点が重要です。また、製品市場とし

て考えた場合には、B国人のライフスタイルや購買力といった観点が重要となります。そして何よりも、政権の安定性、法律や司法制度の公平性・透明性など、B国のカントリーリスクに対する検討が最も重要となります。

このように、目的に沿って分析を行うことで、PEST分析の効率性と有効性は高まります。さらに、現在の状況だけではなく、将来的にどのように環境が変化していくのか、といった予想や見通しを含めて分析を実施していくことも忘れないでください。

（8）　ポストコロナのPEST分析

新型コロナウイルス感染症が世界中に拡大したことにより、経済・社会環境が激変し、元に戻るのは難しいとされています。コロナ禍以後の社会（＝ポストコロナ）において、PEST分析を行う際のキーワードをあげています。

環境要因の項目を選ぶ際には、診断先の企業の実情把握と状況に応じた先見性が求められることになるでしょう。

図表2-1-3　ポストコロナのPEST分析のキーワード

環境要因	項　目	キーワード
政治的環境 （Political）	政権 法規制・法改正 政府・地方自治体	不安定化、米中新冷戦 脱炭素、デジタル化 財政破綻懸念、地方分権
経済的環境 （Economic）	景気 価格変動 経済成長率、株価、為替 中小企業施策	K字型回復 原材料価格の高騰 物価上昇 事業承継、事業再構築、M&A 給付金、助成金、補助金
社会的環境 （Social）	人口動態 消費者意識、ライフスタイル 教育水準、医療 文化、宗教、言語	超高齢化、高齢就労 キャッシュレス、テレワーク 格差拡大、遠隔診療 移民の受け入れ、分断
技術的環境 （Technological）	技術革新（イノベーション） 特許 新技術の普及	SNS、IoT、AI、ICT、DX 中国の台頭 技術者不足

② 5フォース

（1） ミクロ環境を把握する

業界の収益性を決める5つの競争要因から、業界の構造分析を行うフレームワークが、**5フォース**です。業界を**5つの競争要因（five force）**でモデル化し、その5つの要因について分析することでその業界の収益性や魅力度を明らかにします。

ハーバード・ビジネススクールのマイケル・E・ポーター教授によって開発されたもので、『競争の戦略』（日本語訳版1995年3月初版）で広く学会やビジネス界に知れ渡りました。

経営資源投入の優先順位を決める際や、その業界への新規参入の是非を判断する際に有効です。

前節で紹介したPEST分析がマクロ環境を分析するフレームワークであるのに対し、5フォースは、企業に直接的に関係するミクロ環境を分析するフレームワークといえます。

（2） 5つの競争要因

企業を取り巻く業界や、新規参入を図ろうとしている業界の外部環境分析を行うために、図表2-2-1のように、影響を与える5つの要因を**「同業他社との競合」**、**「新規参入の脅威」**、**「代替品の脅威」**、**「売り手の交渉力」**、**「買い手の交渉力」**で捉えます。

このフレームワークが有効な点は、業界における企業のライバルが、単に同業他社だけではないことに気づかせてくれる点にあります。企業を取り巻く外部環境を5つの影響要因に分けて捉えることで、近視眼的な外部環境分

図表 2-2-1　5フォース（5つの競争要因）

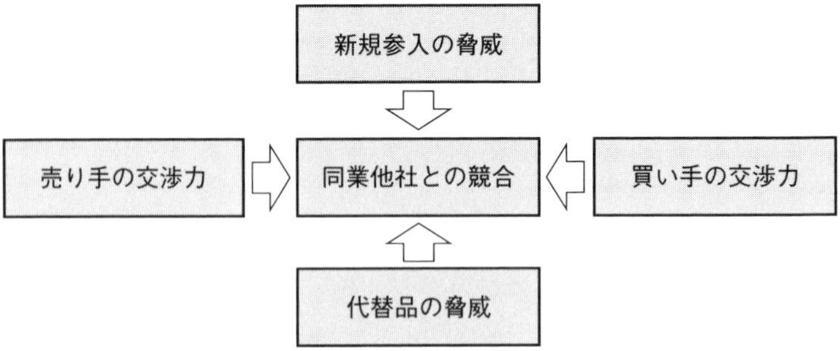

析となってしまうことを防ぐことができます。

①　新規参入の脅威

新規参入の脅威の大きさは、その業界への参入障壁の高さを示します。参入障壁が低い場合は、業界内のプレイヤーが多くなり、競争が激化し、企業の収益性が低下する可能性が高くなります。参入障壁には、規模の経済性の有無、既存ブランドの強さ、法律の規制等があげられます。

②　同業他社との競合

同業他社との敵対関係の強さが大きければ、業界内の競争が激しくなり、企業の収益性が低下する可能性が高くなります。敵対関係の強さを決定する要因として、業界内の競合相手の数、業界内の規制の有無等があげられます。

同業他社との競合については、次節のコトラーの４つの競争地位のフレームワークを活用して戦略の方向性を分析することがよいでしょう。

③　代替品の脅威

既存商品・サービスに比べて、価格性能比に優れた代替品が存在する場合には、既存商品から代替品への切り替えが起こり、自社の売上の減少、収益が悪化する可能性が高くなります。

たとえば、パソコンに対するスマートフォンなどのスマートデバイス、飲食店に対するスーパーの中食・惣菜、コンビニの弁当が代替品の脅威となります。代替品の脅威に対しては、代替品を避けることのできない脅威として考え、代替品との相違点を活かす、または代替品に真っ向から対抗していくという、2通りの戦略が考えられます。

④ 売り手の交渉力

売り手（供給業者）の交渉力が強ければ、原料等のコストアップ要因となり、企業の収益性を低下させる可能性が高くなります。売り手の交渉力の大きさを決定する要因として、自社の重要性、スイッチング（切り替え）コスト、供給品の差別化の程度等があげられます。

⑤ 買い手の交渉力

買い手（顧客）の交渉力が強ければ、価格引下げ圧力によって企業の収益性が低下する可能性が高くなります。買い手の交渉力の大きさを決定する要因として、買い手の寡占度、スイッチング（切り替え）コスト、ブランド力の強さ、情報力等があげられます。

（3） 外部環境分析での活用事例

自社工場と都内に数店の店舗を持つクリーニング店の診断で、外部環境分析のために業界構造を分析した際の5フォースの活用例をみてみましょう。

経営戦略を立てるために、外部環境分析の方法として5フォースのフレームワークを活用して、診断先のクリーニング店を取り巻く、影響要因となる外部環境を明確化します。実際には短絡的な捉え方にならないよう診断チームメンバーで討論を重ね、5フォースに整理していきます。図表2-2-2が、実際にブレーンストーミングを行った結果を5フォースの影響要因に当てはめたものです。

図表2-2-2　5フォースの活用事例

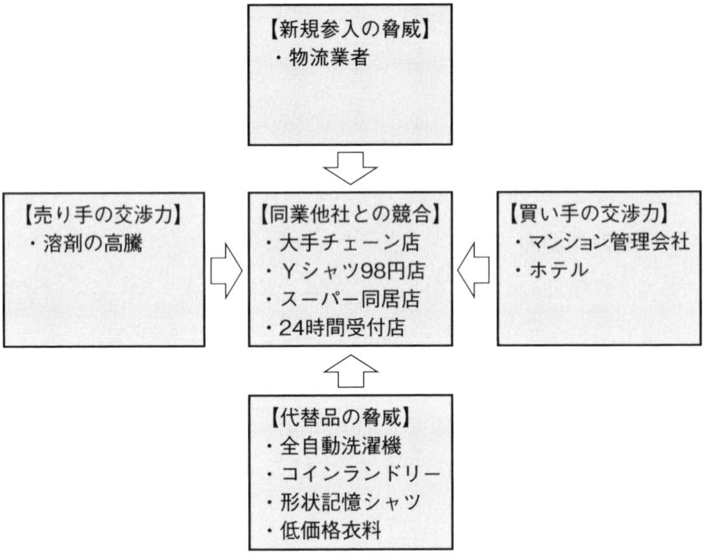

以下、それぞれの影響要因について説明します。

①　新規参入の脅威

物流業者が、倉庫での衣類保管、宅配と組み合わせてクリーニング業へ参入することを想定しましたが、工場の先行設備投資が必要であり、参入障壁はそれほど低くはないことが判明しました。脅威ではなく、むしろパートナーとなりうる可能性もあることが考えられます。

②　同業他社との競合

安価を武器とする競合店、集客力のあるスーパー内の競合店、顧客のライフスタイルの多様化に対応する24時間受付の競合店等、同業他社との競争圧力は強い。同業他社と差別化するのか、同業他社に対抗していくのか、内部環境分析と組み合わせて競合店との対応戦略を考えます。

③　代替品の脅威

全自動洗濯機の性能向上などによる家庭内洗濯技術の向上、24時間気軽に洗濯のできるコインランドリーの存在、形状記憶Ｙシャツ、衣料品の低価格化によるクリーニングニーズの減少等がありますが、取扱商品によって脅威の強弱がみられます。Ｙシャツ、ニット製品等は代替品の脅威が強く、スーツ・コート・革製品・布団等は代替品の脅威が弱い。ニーズの多いＹシャツ等は低価格化で代替品に対抗していく、また、シミ抜き・ボタン付けなど代替品にないサービスで対応していく等の戦略を考えます。

④　売り手の交渉力

原材料となる原油価格上昇によりクリーニングで必需となる溶剤が高騰し、売り手の交渉力は強い。代替品となる溶剤がないか、現在より安く仕入れられる先がないかを考えます。

⑤　買い手の交渉力

マンション管理会社はマンションにクリーニングボックスを設置し、マンション全体の専用クリーニング業者を指定、また、ホテルや病院等はリネンの取扱量が多く、買い手の交渉力は強い。個人・家庭ニーズも販売チャネルが多く存在しており、買い手の交渉力は強いといえます。同業他社とどう差別化して買い手に自店を選んでもらえるようにするか、内部環境分析と組み合わせて戦略を考えます。

なお、５フォース分析後の進め方としては、PEST分析や数値で捉えた市場動向と合わせ、外部環境分析の結果として機会・脅威を明確にします。さらには内部環境分析で自社の持っている強み・弱みも明確にし、SWOT分析にまとめていくことが診断の実務ではやりやすい方法といえるでしょう。

（４）　業界への新規参入検討時の活用

前項の５フォース活用事例はすでにその業界に入っている視点で見ていますが、仮に物流業者がクリーニング業に新規参入しようとした場合はどうでしょうか。

図表2-2-3は、前項の５フォース活用事例を新規参入時の視点で整理したものです。５フォースについて脅威や圧力、競争の度合いで強弱をつけて判断します。実際には自社の体力や、市場全体が成長しているのか衰退しているのかも判断材料として必要ですが、分析結果をみる限り、新規参入するには“メリットが少ない”ということができます。複数の業界（市場）への参入案がある場合は、同様の分析を行って比較するとよいでしょう。

図表2-2-3　新規参入業界の５フォース分析結果

５フォース	業界の分析結果
新規参入の脅威	中（工場設備投資、資格取得）
同業他社との競合	強い（すでに飽和状態）
代替品の脅威	中（商品による）
売り手の交渉力	中（原油高騰の際は直撃）
買い手の交渉力	強い（販売チャネルが多い）

（５）５フォースのポイント

筆者自身が企業診断のチーフとして経営戦略を担当したとき、外部環境分析を行う際に、５フォースのフレームワークを活用して、まずチームのメンバーとブレーンストーミングで思いつく要因を出し合うことから始めました。ブレーンストーミングでは、１人では考えもつかない、影響度の大きい要因の気づきにつながります。

新規参入の脅威では、参入障壁の低い業界への海外企業の参入、規模が大きくなった市場への大手企業の参入、規制の緩和された業界への異業種企業の参入に、特に注意が必要です。

代替品の脅威は、「えっ」と思うようなことが存在するものです。代替品の脅威は常に出てくるものと考えます。柔軟な発想や想像力で、消費者の求めているニーズがどこにあるのかを見出していくことが重要です。

売り手や買い手の脅威は、需給のバランスに左右されることが大きくなります。希少性の有無も意識するとよいでしょう。

コラムⅠ

3つの基本戦略

5フォースは、業界の競争環境を分析するためのフレームワークです。

新規参入者、同業他社、代替品、売り手、買い手という5つの要因から、業界を取り巻く環境を分析しました。

マイケル・E・ポーターは、さらに、企業が5つの競争要因からの脅威を避け、よりよいポジションに身を置くための長期的な基本戦略を提唱しています。それは、**「コストのリーダーシップ」「差別化」「集中」**の3つです。

（1） コストのリーダーシップ戦略

規模の経済の追求と、経験の蓄積から効率性が増すという「経験曲線効果」により、市場全体を対象に、低コストを最大の武器として業界の主導権を握る戦略です。

（2） 差別化戦略

自社の商品やサービスを他社とは違う特別なものとして顧客に認知してもらい、業界内での優位性を維持する戦略です。商品機能、ブランドイメージ、独自の技術、高品質、他にはない顧客サービスなどです。

（3） 集中戦略

特定の地域や特定の顧客、特定の商品群など、経営資源を集中させたうえで、コストのリーダーシップか差別化、またはその両方を行おうとする戦略です。

ポーターは、業績不振企業というものは、この3つの基本戦略のいずれも採用していないか、あるいは採用する戦略が頻繁に変わると指摘しています。中小企業では、一般にコストのリーダーシップ戦略は採りにくいため、差別化を行い、これを特定のセグメントで実行する集中戦略を採るのが定石といえるでしょう。

③ コトラーの４つの競争地位

（１） 競争地位によって戦略は変わる

業界における各企業の競争地位がどこにあるかによって、マーケティング戦略は大きく変わります。1980年にフィリップ・コトラーは、マーケットシェアの観点から企業を４つに分類して、その競争地位に応じた戦略を練ることを提唱しました。その４つとは、**リーダー（Leader）**、**チャレンジャー（Challenger）**、**フォロワー（Follower）**、**ニッチャー（Nicher）**です。

（２） リーダー企業の戦略

リーダー企業とは、当該市場において最大のシェアを誇るNo.１企業です。携帯電話業界のNTTドコモや旅行業界のJTBがこれに該当します。リーダー企業は市場シェアのトップの座を維持することが主要目標ですから、競争の基本戦略は市場内のすべてにおいて他の企業を打ち負かすことです（全方位型）。したがって、ターゲットは市場全体となります。

リーダー企業の定石戦略としては、一般的に、市場規模拡大、同質化、非低価格化があります。

市場規模が拡大すれば、市場のシェアに応じて、リーダー企業の取り分が最も大きくなる可能性が高くなります。パイを大きくして自分の食べる量も大きくしようという戦略です。パイが大きくなるので、下位企業も何らかの恩恵にあずかる可能性が出てきます。

同質化とは、下位企業の差別化製品に対して同質の製品を投入（模倣）して対応するものです。まったく同じ土俵で戦えば、経営資源の大きなリーダー企業が圧倒的に有利となります。いわば力でねじ伏せようという戦略です。

非低価格化とは、極端な安売りはしないということです。低価格競争に陥れば、リーダー企業の利益が縮小するだけでなく、ブランドイメージに傷がつくおそれがあるからです。

（3）　チャレンジャー企業の戦略

チャレンジャー企業とは、２番手のシェアを誇る企業群です。企業群の中の企業数は明確に決まっているわけではありません。マーケットシェアの相対的な大きさによって１社から数社まで、業界によってさまざまです。

隙あらばリーダー企業のトップの座を奪い取ろうと狙っているためチャレンジャーと呼ばれています。携帯電話業界ではKDDI（au）やソフトバンクが、また旅行業界では、近畿日本ツーリストやエイチ・アイ・エスがチャレンジャー企業といえるでしょう。国内市場ではなく海外市場でみた場合は、当然、該当する企業は大きく変わります。市場をどのように設定するのかによって、競争地位はまったく異なるものになってしまいます。

チャレンジャー企業の主要目標は、自社のシェアを拡大してリーダー企業に追いつき、追い越すことです。ただし、経営資源が劣っているチャレンジャー企業が真正面からリーダー企業に攻撃を仕掛けても、ほとんど勝ち目はありません。リーダー企業と同じことをやっても勝てないのであれば、違うことをやる、すなわち差別化しなければなりません。これがチャレンジャー企業の基本戦略です。リーダー企業が気づいていない市場ニーズへの注力、対応が不十分な地域への進出などが定石戦略になります。

また、シェアを維持・拡大するには、リーダー企業に立ち向かうだけではなく、自社よりも地位が低い企業をターゲットに競争を仕掛けることにより下位企業の上位進出を防いだり、その企業のシェアを奪い取ったりする戦略が効果的です。

チャレンジャー企業はリーダー企業に比べて経営資源が乏しいため、一般的には、ターゲット市場は限定的（準全体）にならざるを得ません。

（4）　フォロワー企業の戦略

フォロワー企業とは、３番手のシェアを誇る企業です。旅行業界では、阪急交通社、クラブツーリズム、トップツアーなどが該当するでしょう。各業界ともに多くの企業がフォロワーとして存在しているといわれています。チャレンジャー企業のようにトップの座を狙うほどの力はないため、シェアを維持して、着実に利益を上げることが主要目標となります。

自ら開発した製品やサービスを市場に投入することは大きな事業リスクがともないます。もし、その製品が市場に受け入れられなければ投資回収できず、企業存亡の危機にもなりかねません。したがって、このような挑戦はせずに、上位企業が成功した戦略や製品を模倣して、それを低価格で実現することがフォロワー企業の定石戦略です。

ターゲット市場は、低価格志向の強い経済セグメントとなります。

リーダー企業やチャレンジャー企業を模倣していれば、新製品開発や新市場開拓の費用を負担しなくても済みますから、低価格で販売しても何とか利益を得ることができるのです。もちろん、そのためには徹底した事業効率化を図ることが必要です。ただし、上述のように、フォロワー企業は数多く存在していますから、他社も必死になって効率化をやってきます。誰でもできることは誰もがやることになり、熾烈な戦いになる可能性が高いのです。このことがフォロワー企業のアキレス腱ともいえるでしょう。

（5）　ニッチャー企業の戦略

最後のニッチャー企業とは、フォロワー以上の企業が手を出しきれていない特定領域（ニッチ領域）において強みを発揮している企業です。携帯電話業界のワイモバイル、旅行業界では地域密着型の読売旅行などが該当するでしょう。

ニッチャー企業は規模が小さく、経営資源が少ないですから、特定市場のニーズを的確に把握して、そこに経営資源を集中的に投入することによって画期的な商品・サービスを提供することを目指さなければなりません。そうすることで、高価格であっても市場に受け入れられ、大きな利益を得ることが可能になります。ニッチャー企業の定石戦略は、リーダー企業における3つの定石戦略（市場規模拡大、同質化、非低価格化）を駆使して、特定市場でのミニリーダー化を図ることです。

以上の4つの競争地位とマーケティングミックス（4P戦略）をまとめると、**図表2-3-1**のようになります。

図表2-3-1　競争地位別の戦略

<table>
<tr><th colspan="2" rowspan="2">競争地位</th><th>リーダー
(Leader)</th><th>チャレンジャー
(Challenger)</th><th>フォロワー
(Follower)</th><th>ニッチャー
(Nicher)</th></tr>
<tr><th>No. 1 企業</th><th>2番手グループ</th><th>3番手グループ</th><th>特化領域の企業</th></tr>
<tr><td colspan="2">主要目標</td><td>シェア拡大</td><td>シェア拡大
トップ奪取</td><td>シェア維持</td><td>特定市場での独占</td></tr>
<tr><td colspan="2">基本戦略</td><td>全方位型</td><td>差別化</td><td>模　倣</td><td>専門化</td></tr>
<tr><td colspan="2">定石戦略</td><td>市場規模拡大
同　質　化
非低価格化</td><td>リーダーの弱点攻撃</td><td>リーダー・チャレンジャーの模倣</td><td>特定市場でのミニリーダー化</td></tr>
<tr><td colspan="2">ターゲット市場</td><td>全体</td><td>準全体</td><td>経済セグメント</td><td>特定セグメント</td></tr>
<tr><td rowspan="4">4P戦略</td><td>製品</td><td>フルライン</td><td rowspan="4">リーダーとの差別化</td><td>他社並み</td><td>独自性</td></tr>
<tr><td>価格</td><td>中〜高価格</td><td>低価格</td><td>中〜高価格</td></tr>
<tr><td>チャネル</td><td>開放型チャネル</td><td>経済的チャネル</td><td>特殊チャネル</td></tr>
<tr><td>プロモーション</td><td>中〜高水準</td><td>低水準</td><td>特殊</td></tr>
</table>

（6）　競争地位の分析事例

身近なコンビニエンスストア業界を例として、業界内部の競争地位がどうなっているのかをみてみましょう。

日本フランチャイズチェーン協会の統計調査資料によると、コンビニエンスストア業界における2019年のコンビニ・チェーン数は17で、それらの合

図表 2-3-2　コンビニ業界の売上高ランキング（2019 年）

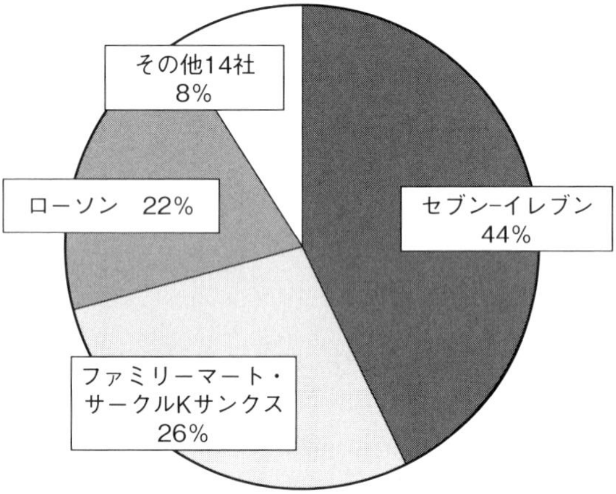

出所：日本フランチャイズチェーン協会統計調査資料、各社公表データ

計売上高は 11 兆 3,332 億円となっています。

図表 2-3-2 に 2019 年のコンビニエンスストア業界の売上高ランキングを示します。全 17 チェーンの中で、セブン-イレブンのシェアは 44% でトップ。ファミリーマート・サークル K サンクスは 2016 年に経営統合して 2 位となり、3 位のローソンとチャレンジャーとして争っています。これら大手 3 強のシェア合計は 92% を占めていますので、残りの 14 チェーンがわずか 8% のシェアの中で鎬を削っていることになります。

経営資源の小さな（しかし、質は高い）コンビニ・チェーンは、フォロワーの地位に甘んずることなく、特定市場での集中戦略や独自性の発揮によってニッチャーに転身しなければ生きる道はなさそうです。

競争地位を把握する場合には、順位だけではなく、シェアの占有度合い（企業別および 4 つの競争地位別）なども分析することが重要です。業界によっては、リーダー企業とチャレンジャー企業のシェアに大きな差がなく、ドングリの背比べになっている場合もあります。

（7）　中小企業の生きる道（ニッチャーへの転身）

コンビニ業界の事例と同様に、中小企業はフォロワー以下に属すことになります。今日のような競争激化の時代では、従来のようなフォロワー戦略を採用していたのでは、ほとんど利益が出ないといわれています。

ここでは、経営コンサルタントが接することの多い中小企業を対象として、ニッチャーへの転身について考えてみましょう。ニッチ市場とは隙間市場ともいわれますが、隙間とは、「大手企業が気づいていない、気づいているが魅力を感じない、顧客がニーズに気づいていない市場」といえるでしょう。この隙間にいち早く参入して「早い者勝ち」となればよいのです。しかし、他社も気づけばすぐに参入してくるでしょう。そこで、競争相手に対抗するために差別化商品・サービスを提供するのですが、競争力がなければ、他社の模倣によって呆気なく敗れてしまいます。

したがって、ニッチャーに転身するためには、簡単に模倣のできない差別化が必要です。そのためには特定の分野で専門化を図るという視点が重要です。コトラーも「ニッチャーの基本は専門化」と指摘しています。

図表 2-3-3 に主要な専門化の方法と具体的事例を示します。

図表 2-3-3　主要な専門化の方法

方　　法	事　　例　　等
特定需要に応じた専門化	個人旅行の専門店、事業承継専門のコンサルタント
特定顧客向けの専門化	トヨタ向け専門の部品メーカー、高齢者専門の通販
特定地域の専門化	地域限定商品、寒冷地仕様商品の専門店
特定製品の専門化	100 円ショップ、ブランド品専門店
注文生産の専門化	個々の顧客の注文（カスタマイズ）製品に特化
特定チャネルの専門化	富山の売薬（配置販売）、オンラインのフリーマーケット

（８） ４P 前に STP で標的市場の絞り込み

現代のマーケティングでは、４P を実行する前に、STP によって顧客層を絞り込む場合が多いようです。STP とは、セグメンテーション（市場細分化）、ターゲティング（市場の絞り込み）、ポジショニング（顧客視点での製品位置づけ）の頭文字をとったものです。つまり、市場の中から自社の優位性を発揮できる場所（ポジション）を決めることです。

これまで競争相手に対していかに優位になるかという視点で説明してきましたが、競争相手に勝つことだけに血眼になってはいけません。最優先すべきは、顧客ニーズにもとづいた自社の戦略（顧客価値を創出する戦略）を立案することです。そのうえで、永続的な競争優位性を確立していくことが大前提となります。

④ 3C分析

（1） 基本的な3つの視点

3C分析は、経営戦略やマーケティング戦略を考えるうえで、最初に行う基本的な手法です。この“3C”とは、**自社（corporation/company）**、**顧客（customer）**、**競合（competitor）**を示し、それらの視点で分析を行います。

3C分析のオリジナルコンセプトを考案したのは、経営コンサルタントの大前研一氏で、著書『The Mind of the Strategist：The art of Japanese business』（邦題：『ストラテジックマインド―変革期の企業戦略論』1984年、プレジデント社）で全世界に紹介され、広く使用されるに至っています。同著では、「分析無くして、戦略思考はあり得ない。およそいかなる経営戦略の立案にあたっても、三者の主たるプレーヤーを考慮に入れなければならない。」として、立場の異なる三者の視点“戦略的三角関係”の中で、**成功のカギ（KFS＝Key Factor for Success）**を探しだし、競争相手を上回る手を考えだす方法と効用を解説しています。

3C分析は、兵法書『孫子』の謀攻篇の「彼を知りて己を知れば、百戦して殆《あや》うからず」という有名な故事に喩えることができます。“彼（＝顧客、競争相手）を知り、己（＝自社）を知ることにより、百戦（＝ビジネス）をして、殆うからず（＝うまくいく）”として、彼我の状況を把握することが重要であると現代風に解釈することができます。まさに3C分析は、古くから語られている情報収集・情勢判断そのものといえます。

3C分析はあらゆる事業・サービスにおいても適用できるため、経営者や戦略立案担当者等にとっては、取りかかりやすく、自社の戦略に活かすための汎用的なフレームワークといえます。

それでは、3C分析をどのように行っていくか、みていきましょう。

（２）　自社分析

自社の状況、リソース、能力について定性的・定量的に把握します。具体的な例は以下のとおりです。

・売上高、市場シェア、収益性、ブランドイメージ力、技術力、組織、従業員構成、情報システム、サービス品質　等

いわゆる経営資源といわれている「ヒト」「モノ」「カネ」「情報」の観点で、自社の状況を振り返ります。特に、付加価値を生み出す源泉やコストがかかる事項に着目します。

経営資源という観点では、マッキンゼー・アンド・カンパニーが提唱した7Sモデルが参考になります。

① 共通の価値観・理念（Shared Value）
② 経営スタイル・社風（Style）
③ 人材（Staff）
④ 社員や組織のスキル・能力（Skill）
⑤ 戦略（Strategy）
⑥ 組織構造（Structure）
⑦ システム・制度（System）

（３）　顧客分析

自社の商品やサービスを購入する（もしくは今後、購入しそうな）顧客や市場について把握します。具体的な例は以下のとおりです。

・市場規模、成長性、顧客ニーズ、顧客トレンド、技術トレンド、社会トレンド、政治的背景、環境的背景、購買決定プロセス、購買決定者　等

最近では顧客ニーズの多様化や個性化が進んでいるため、特に「ライフスタイル」（スポーツ好き、アウトドア志向など）、「パーソナリティ」（新しもの好き、保守的、環境志向など）、「求めるベネフィット」（経済性、機能性、高級感など）、「使用率」（ヘビーユーザー、ライトユーザー、ノンユーザーなど）といった内容について着目していくことが必要です。

（4）　競合分析

自社の商品やサービスの競合状況や競争相手について把握します。具体的には以下のとおりです。

・競争相手の数、参入障壁、競争相手の保有資源（営業人員数、生産能力）、競争相手のパフォーマンス（売上高、市場シェア、顧客数、ブランド）　等

特に、直接的に競合している相手方だけでなく、今後参入してくることが予想される相手や、代替品となりうる商品やサービスを漏れなく把握することが必要です。近年では、特に代替品の脅威が大きいようです。

（5）　3Cの分析項目

3C分析では、以下の質問に答えることにより実施します。コンサルティング等でヒアリングする場合はこれらのポイントで確認を行い、自社の戦略策定においては、これらの項目について自問自答して状況把握を行います。

3C分析は、異なる3つの視点に立った分析を行うことが目的であるため、

図表 2-4-1　３Ｃ分析のイメージ図

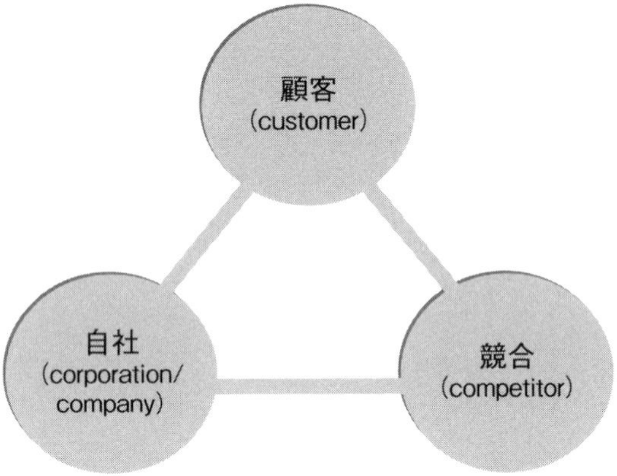

１つの内容に深く入り込まずに、大枠で状況を捉えることを中心に考えます。また、企業で複数の事業を展開している場合は、企業単位で分析をするよりも、事業単位で検討を進めたほうがよい場合もあります。

３Ｃ分析で抽出した情報は、SWOT 分析・クロス SWOT 分析の手法により整理して経営戦略策定につなげていきます。

①　自社分析

□売上高はどのくらいか。ここ３年間は成長しているか、鈍化しているか。売上高が多い商品・サービスは何か。この３年間で成長している商品・サービスは何か。

□市場シュアは、ここ３年間で伸びているか、減っているか。特に伸びている商品は何か。

□収益性の高い商品は何か。

□自社は、顧客からどのように見られているか。

□自社において得意としている技術は何か。他社が真似のできない技術はあるか。

□自社の商品・サービス提供において、得意としているポイントは何か。
□従業員構成はどうか。平均年齢は他社と比べてどうか。
□どのような情報システムを保有しているか。
□顧客管理はできているか。
□顧客からのクレームを受け止め、対応する体制はできているか。顧客の満足度は高いか。顧客から繰り返し購買されているか。

②　顧客分析

□商品・サービスの市場規模はどのくらいか。
□市場の属性はどうか（地理的、人口動態、ライフスタイル、パーソナリティ）。
□市場規模は伸びているか、それとも減っているのか。
□顧客が自社商品・サービスを選ぶポイントは何か。自社の商品・サービスは、どのようなシーンで利用されるのか。商品・サービスに対する顧客の要望は何か。予期しない成功や失敗はなかったか。
□顧客の志向はどのように変化しているのか。顧客のライフスタイルはどうか。顧客があこがれるライフスタイルはどのようなものか。
□技術はどのように進化をしているのか。その分野でどのような最新技術があるのか。自社の優位性を覆すような新技術が開発されているか。
□最近のニュース、新聞記事で、自社の商品・サービスに影響を及ぼす項目はあったか。
□自社の商品・サービスに影響を及ぼす法律等の改正は実施されそうか。
□自社の商品・サービスは、エコ面でどのような影響があるのか。
□顧客が自社の商品・サービスを選択するにあたって、どのような購買プロセスがあるのか。自社の商品・サービスを利用するにあたり、誰が決定権者か。また、決定権者に対して一番影響を及ぼすのは何か。

③　競合分析

□競争相手と考えられるのはどの会社か。

□新規サービスに参入するにあたり、障壁となるものは何か。自社商品・サービスは他社に模倣されやすいか、されにくいか。されにくいのであれば、そのポイントは何か。

□競争相手の状況は（営業人員数は何名か。生産能力はどのくらいか）。

□競争相手のパフォーマンスは（売上高はどのくらいか。市場シェアはどのくらいか。顧客数はどのくらいか。ブランドイメージの違いはどうか）。

□競争相手の商品・サービスの価格、機能の違いは。

□競争相手に対して、自社の商品・サービスの優位な点はどこか、また劣る点は。

□競争相手は、競合している商品を主力商品として取り扱っているか、補完的商品としての位置づけか。

□競争相手は、今後どのような展開をしていきそうであるか。

□自社の商品・サービスの代替となる商品・サービスは存在するのか。

□自社の商品・サービスの利用者が、競合他社の商品・サービスを利用するとデメリットを生じる点は何か。

□競争相手と直接対決をしていくのか。

□競争相手と競合を避けていくのか。

□競争相手が進出していない市場やニーズがあるのか。

（６）　３Ｃ分析の活用事例

それでは、情報通信関連の新規サービス提供（建設業界向けオンライン会議サービス）を検討しているＸ社の事例を以下に記載します。

自社	・ベンチャー企業であり、リソース全般に限りがある。 ・建設業界に対して豊富な人脈がある。 ・新規技術開発に対するノウハウを保有している（情報通信技術・ユーザーインターフェース技術)。 ・会社の規模が小さく、狙う市場は小さくてもよい。
顧客	・情報通信に対してリテラシー（活用能力）が低い。 ・セットアップが複雑なため、システムの利用頻度が下がる。 ・情報通信を利用した効率化に対するニーズが強い。特に、頻繁に開催される会議に対する効率化を期待している。 ・ビジネスのグローバル化推進により海外の施主が増加し、海外との会議の機会が増加している。 ・建設業界内においても、最新の情報通信技術を活用して競合他社との差別化を図りたい。 ・業界に特化した機能や業界用語に対応したシステムが欲しい。 ・日本での市場規模は米国市場に対して小さい。毎年、コンスタントに成長をしている。
競合	・大手企業は、規模の大きな市場を狙うため、業界に特化したシステムを保有していない。 ・セットアップを重視しておらず、使い勝手が悪い。 ・顧客サポート力が弱い。１件ごとの案件まできめ細かく対応できない。

このように、3つの視点から分析することで、X社が建設業界に特化した情報通信サービスによりニッチ市場を狙う戦略を立てていくであろうことは容易に推察できます。

3Cは汎用的であるがゆえに、最近では、さらに分析の視点を加えることで、より一層その事業環境を反映できる場合もあります。たとえば、流通チャネル（channel）を加えたり、競争優位を築くうえで重要な要因となる協力関係企業の存在（collaboration corporation）の視点を加える、といった具合です。業界・業種の特性、会社の置かれた状況に応じて使い分けるとよいでしょう。

⑤ マーケティングミックス４Ｐ（４Ｃ）

（１） マーケティング戦略策定の４Ｐ（４Ｃ）

企業が商品・サービスを販売、提供していくにあたって、重要になってくるのが、マーケティングミックスという考え方です。

これは、対象市場においてさまざまなマーケティング要素の検討を行うことであり、**図表2-5-1**に示すように「何を」、「いくらで」、「どこで」、「どのようにして」販売し、提供していくかという組み合わせのことです。

マーケティング要素を企業側からみると、**「商品」（Product）**、**「価格」（Price）**、**「立地・流通」（Place）**、**「販売促進」（Promotion）**ということになり、４つのそれぞれの頭文字をとって**４Ｐ**と呼ばれます。

また、顧客側からみると、**「顧客の価値」（Customer　value）**、**「顧客のコスト」（Customer　cost）**、**「顧客の利便性」（Convenience）**、**「顧客との会話」（Communication）**ということになり、**４Ｃ**と呼ばれます。

図表2-5-1　マーケティングミックス

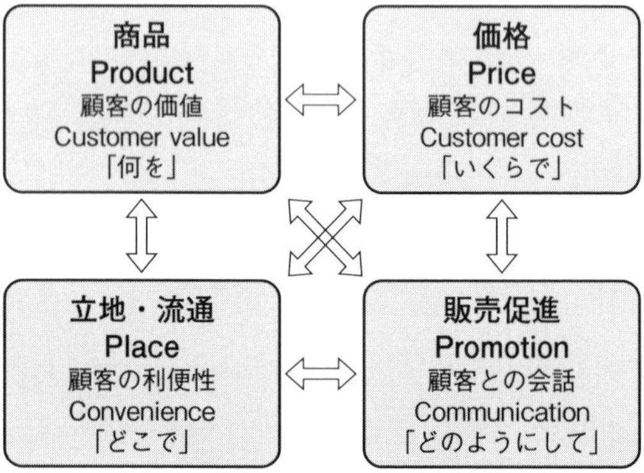

図表2-5-2　売り手の視点・買い手の視点

マーケティングミックスの4P（4C）				
商品	Product	⇔	顧客の価値	Customer value
価格	Price	⇔	顧客のコスト	Customer cost
立地・流通	Place	⇔	顧客の利便性	Convenience
販売促進	Promotion	⇔	顧客との会話	Communication

4Pは売り手側、4Cは買い手側の視点ですので、**図表2-5-2**に示すようにそれぞれに対応しています。

4Pは1961年にアメリカの学者、ジェーロム・マッカーシーにより提唱され、4Cは1993年にノース・カロライナ大学教授のロバート・ラウターボーンが提唱したものです。

4P（4C）はマーケティング戦略の策定において特に重要な視点であり、そのマーケティングのプロセスである4P（4C）の分析方法を活用することで、最適なマーケティングミックスを構築し、幅広い分野に応用できます。

（2）　4P（4C）分析の検討項目

コンサルティングにあたっては、クライアント企業の販売戦略を明確化するために、4P（4C）分析を活用します。

4P（4C）分析は、**マーケティングの4P（4C）**の視点を、それぞれ自社の経営資源および市場状況に照らし合わせながら分析することになります。たとえば、既存の商品であれば「商品は今のままでよいのか」（Product／Customer value）、「価格は適正か」（Price／Customer Cost）、「販売方法は今のままでよいか」（Place／Convenience）、「顧客への訴求は十分か」（Promotion／Communication）といった項目があげられます。

4P（4C）分析は、自社の経営資源を把握し、市場や競合状況をしっかりと把握したうえで行うことが重要です。そして、商品の開発・提供に際して

図表 2–5–3　4Ｐ（4Ｃ）の検討項目

商品	Product	⇔	顧客の価値	Customer value
・商品アイテム　・品質　・デザイン　・商品名　・ブランド名　・パッケージ　・保証　・アフターサービス　など				
価格	Price	⇔	顧客のコスト	Customer cost
・小売価格（コンビニ価格・ドラッグストア価格・スーパー価格・百貨店価格・通販価格・ネット価格など）・卸価格・割引価格・支払期限・取引条件・契約期限　など				
立地・流通	Place	⇔	顧客の利便性	Convenience
・販売チャネル（コンビニ・ドラッグストア・スーパー・百貨店・直営店・通販・インターネットなど）・流通エリア　・店舗立地　・在庫　など				
販売促進	Promotion	⇔	顧客との会話	Communication
・広告媒体（テレビ・ラジオ・新聞・雑誌・インターネット）・プロモーション活動（販促イベント・サンプリング）・プッシュ戦略　・プル戦略　など				

は、作り手の視点である「プロダクト・アウト」ではなく、顧客視点からの「マーケット・イン」という考えに基づいた意思決定を行うことが大切です。4Ｐ（4Ｃ）分析に際しての検討項目を**図表 2–5–3** にまとめていますので、細かくみていきましょう。

①　商品（顧客の価値）

市場における購入の直接的な対象であり、有形の場合は製品（商品）であり、無形の場合はサービスとなります。商品・サービスの価値は機能や品質だけでなく、パッケージや商品名、デザイン、サイズなどにより構成されます。また、メンテナンスが必要な商品においては、保証やアフターサービスも重要となります。販売単位を細かくして、商品であればバラ売り、サービスであれば時間単位とすることにより新たな価値を創造することも可能です。顧客にとって、いかに魅力的で安心して購入できる商品かということが重要になります。

②　価格（顧客のコスト）

価格は4Pの中で非常に重要な要素です。それは、企業にとっては売上高、利益に直結しますし、顧客にとっては購入決定の重要な要因となるからです。

価格の設定方法にはいくつかありますが、基本的には商品やサービスを提供するのに必要なコストに利益を加えた価格となります。販売する季節や時期、店舗、地域などにより、同じ商品でも異なる価格が設定されることもあります。季節に合わせた設定とは、需要に合わせた価格を設定することです。いわゆるオフシーズンは安くするような価格設定です。時期に合わせた設定とは、市場シェア獲得の時期であれば低価格とし（ペネトレイティング戦略）、革新的な新商品であれば高い価格を設定する（スキミング戦略）ということになります。

価格の設定は極めて繊細で難しい問題ですが、価格を検討するための手法として、**PSM（Price Sensitivity Measurement）分析**があります。

「高すぎて買えないと感じはじめる価格」「高いと感じはじめる価格」「安いと感じはじめる価格」「安すぎて品質に不安を感じはじめる価格」を聞くことにより、価格を検討していく手法です。顧客調査の際の設問例として覚えておくとよいでしょう。

いかによい商品でも価格が高すぎると売れません。さらに、ときに競合を意識するあまり、安い価格を設定すると、商品に対して「安かろう悪かろう」というマイナスイメージを持たれてしまうこともあります。

現金、クレジットカード、プリペイドカード、デビットカード、小切手、手形、振込等の支払方法や支払期限など、商品・サービスを購入する際の支払手段も顧客の購買マインドに影響をもたらします。また、おサイフケータイや電子マネーにとどまらず、スマホ決済や仮想通貨など、支払方法の多様化への対応も重要になってきています。

高額となる企業間の取引の場合を考えると、卸価格・割引価格・支払期限・取引条件・契約期限等も検討事項となります。

③　立地・流通（顧客の利便性）

商品・サービスが購入されるためには、顧客が地理的・時間的に購入可能な場所に流通していなければなりません。限られた行動範囲の中で、必要を感じたときに入手できなければ、購買をしないか、競合他社や代替品を選択してしまいます。また、高級品をディスカウントストアで販売すれば、一時的に販売数量は確保できても、ブランドイメージが低下し、その後の収益低下をもたらす危険性があります。顧客ニーズを把握しつつ、最適な流通チャネルを選定することが必要です。

最近では、ネット通販市場の拡大と配送時間の指定や短縮といった物流機構の充実によって利便性が向上しています。このため、実店舗で商品を確認し、ネット通販で商品を購入するという「ショールーミング」といわれる購買行動もみられるようになっています。

④　販売促進（顧客との会話）

いかに優れた商品・サービスであっても、その存在が認知されなければ顧客を獲得することはできません。そのため、企業は適切な情報を顧客に向けて常に発信していくことが重要であり、広告やプロモーションがその役割を担っています。広告媒体の選定においては、ターゲット層の情報入手経路を把握し、より効果的な情報発信チャネルを決定し、販売促進活動の実際の売上への効果を把握することが必要です。その結果を踏まえて、今後の販売促進施策へつなげることが効果的な販売促進活動には不可欠です。

販売促進活動の手法としては、テレビ・ラジオ・新聞・雑誌のマスコミ４媒体への広告、屋外広告、交通広告、インターネット広告、ダイレクトメールなどがあります。最近では、ブログやTwitter、Facebookなどによる情報発信や、映像を用いたデジタルサイネージ（電子看板）なども注目されています。

また、試供品のサンプリングやイベントの開催などによるキャンペーンも販売促進の手法として行われます。キャンペーンは、自社の運営サイトで開催し、顧客の声を発信するコミュニティ運営を行う企業も増えています。

これらをどのように選択し、費用対効果を考慮した販売促進策を打っていくか、そして、不適切な情報発信や書き込みがなされないような対策を講じていくことが経営判断・販売戦術に求められています。

（３）４Ｐ（４Ｃ）の活用事例

Ａ社はサプリメントの製造販売を手がけています。現在の商品は中高年女性向けであり、今後は若い女性向けの新商品の販売を検討しています。このような状況における４Ｐ（４Ｃ）の活用方法をみていきましょう。

①　商品（顧客の価値）

現在の中高年女性の求めるニーズと、新商品のターゲットである若い女性のニーズとの違いを把握し、機能・効用・味・商品名・パッケージを決めていきます。

他社と差別化でき、自社の経営資源を活用できる商品であり、顧客が購入しやすい観点から、検討を進めます。

②　価格（顧客のコスト）

製造原価はいくらか、競合他社の商品はいくらか、売れ筋の価格帯はいくらかを把握します。

③　立地・流通（顧客の利便性）

販売のターゲットとしている若い女性はどこでサプリメントを購入しているのかを把握します。

④　販売促進（顧客との会話）

販売ターゲットとしている若い女性はどの情報を信用しているのかを把握し、また、どのような行動及び情報との接点があるのかを把握します。

市場調査および自社の顧客分析を行った結果として、次のような情報が得られました。

・50歳代の女性の多くは、健康維持増進の目的で、購入しているのに対し、20歳代女性の多くは肌荒れ防止のために、サプリメントを購入している。
・平均的な購入価格は、１ヵ月あたり3,000円がボリュームゾーンである。
・50歳代の女性の多くは通信販売で購入しているのに対し、若い女性は、駅周辺のドラッグストアでの購入が約６割を占めている。
・商品の選定には、店頭でのPOP等、店舗内における情報が重視される。

そこで、この調査結果から考えられるＡ社が採るべき若い女性向けのマーケティングミックスは、

・商品（顧客の価値）：肌荒れ防止に効果があるサプリメント
・価格（顧客のコスト）：１ヵ月分3,000円程度で済むもの
・立地・流通（顧客の利便性）：駅近くのドラッグストアチェーンを中心とする
・販売促進（顧客との会話）：店舗におけるPOPや試供品の配布

ということになりました。

しかし、この市場は競合の多いことが想定されることから、Ａ社は、他社との差別化を図る戦略を採用したのです。

調査の結果から、少数ではあるものの、１ヵ月１万円以上を通信販売で購入している若い女性の存在が判明したのです。これにより、20歳代女性向けの広告媒体に、価格は高いが成分にこだわった商品を掲載し、通信販売専用とする差別化商品を投入し、一定の成功を収めました。

このように、４Ｐ（４Ｃ）は、マーケティングミックスを考えるうえで重要なフレームワークであり、販売戦略・戦術の策定に活かすことができます。

コラムⅡ

ブルー・オーシャン戦略

ブルー・オーシャン戦略は、フランスのビジネス・スクール INSEAD において、教鞭をとっていたＷ・チャン・キムとレネ・モボルニュが提唱する経営戦略論です。血みどろの競争が繰り広げられている既存市場（＝**レッド・オーシャン**）に心血を注ぐのではなく、競争のない未知の市場空間（＝**ブルー・オーシャン**）の創造に、企業努力を傾注せよと主張します。ブルー・オーシャン戦略では、**低コスト化**と**差別化**を同時に実現しながら、市場の境界を引き直し、新しい市場を創造するというものです。

経営戦略関係の本は、いくつかの事実に見られる特徴を普遍的な学説に高めようとする傾向があるため、一般的になじみにくい文言の羅列に終始する場合が多いのですが、その中にある実例は、マネジメントに携わる者にとっては非常に興味深く示唆に富むものがあります。

ビル・ブラットンがニューヨーク市警察本部長に任命されたとき、彼を待ち受けていたのはあまりに悲惨な状況でした。当時のニューヨークでは殺人件数は史上最悪を更新し、市民は戦々恐々とした日々を送っていました。予算面では制約があり、市警職員は仕事へのやる気が失せており、老朽化した装備、汚職や腐敗がこれに追い打ちをかける最悪の状況でした。

ところが、ブラットンは、予算の増額もないまま２年も経たないうちに、ニューヨークを米国で最も安全な都市へと変貌させたのです。いったいブラットンは何をどうしたのでしょうか…。

あなたが、経営が悪化している予算のない子会社に経営者として送り込まれた場合、あるいは業績の厳しい支店長や部門長またはそのスタッフとして赴任した場合、どう対処すべきなのか。現状分析から対策の打ち方、本部や上役の巻き込み方から会議の持ち方、そして最大の難敵への対応に至るまで、本書から多くの実践的なヒントを得ることができるでしょう。

⑥ ABC 分析

（１）　多い順に並べるとわかる改善の糸口

複数の事物や現象について、それが現れる頻度によって分類をし、管理効率を高めようとする分析手法が**ABC 分析（パレート分析）**です。イタリアの数理経済学者のパレートがイギリスの所得分布に関して提唱したことからパレート分析、パレート図などとも呼ばれています。

頻度の高いものからＡグループ（構成比 70% 以下）、Ｂグループ（構成比 90% 以下）、Ｃグループ（構成比 90% 超）のようなグループ分けをすることにより、経営資源や力を集中させ重点管理すべき部分を選別することから ABC 分析といいます。

小売業では、売れ筋商品や死に筋商品の把握、優良顧客の把握のためによく使われるフレームワークです。**図表 2-6-1** のようなグラフに表して視覚的に捉えるとわかりやすくなります。

製造業での品質管理、製造業・卸売業・小売業での在庫管理、小売業・サ

図表 2-6-1　ABC 分析事例

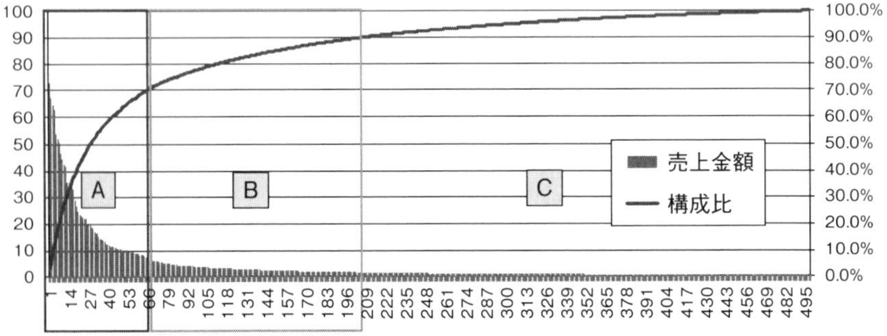

ービス業での売上管理、マーケティング等、至るところにABC分析（パレート分析）の用途が存在します。A、B、Cのグループごとに管理方法や対応方法を検討して、課題の改善や経営目標の達成を効率よく実現していくことを目指します。

（2） パレートの法則（80対20の法則）

商品別の売上高や顧客別の売上高、商品別の在庫金額等、少数の要因が大勢を占める経験則を**パレートの法則**と呼びます。

一般的に、「売上金額の8割は上位2割の優良商品が生みだす」、「売上金額の8割は上位2割の優良顧客が生みだす」という経験則から、**「80対20の法則」**といわれています。

実際のところは扱っている商品やサービスによっても差異があり、必ずしも80対20になるわけではありませんので、経験則ではなく、実績データを使用してABC分析（パレート分析）を行う必要があります。

図表2-6-1はある企業の1ヵ月間の販売商品の売上高をグラフ化していますが、偶然にも見事にパレートの法則にはまっています。

（3） ABC分析の具体的手順

「商品の管理点数が多い」、「何が売れているのか？」、「品質に関するクレームが多い」、「在庫を減らせ」等、日々の業務や経営管理の中ではさまざまな問題や疑問、そして指示・命令に直面します。また、経営診断実務の場合は、診断先の商品別売上高構成や顧客別売上高構成、仕入先別仕入高構成、商品別在庫高構成等、内訳の数字を知らなければ先へは進めません。そういうときは迷わず、仮説と検証の第一歩としてABC分析をすることです。

実績データさえ揃っていれば、パソコンの表計算ソフトでも簡単に集計、分析作業を行うことができます。**図表2-6-2**はABC分析のための表作成イメージです。手順は次のとおりです。

図表 2-6-2　ABC 分析（パレート分析）手順

②

商品名	売上金額
商品A	9,600
商品B	1,600
商品C	4,200
商品D	400
商品E	900
商品F	3,300
商品G	15,000
商品H	200
商品I	150
商品J	850
商品K	2,100
商品L	1,400
商品M	7,700
商品N	12,100
商品O	500
商品P	300
商品Q	1,000
商品R	100
商品S	250
商品T	600
計	62,250

③

商品名	売上金額	構成比 ④	構成比率 ⑤	⑥
商品G	15,000	24%	24%	
商品N	12,100	19%	44%	
商品A	9,600	15%	59%	A
商品M	7,700	12%	71%	
商品C	4,200	7%	78%	
商品F	3,300	5%	83%	
商品K	2,100	3%	87%	
商品B	1,600	3%	89%	B
商品L	1,400	2%	92%	
商品Q	1,000	2%	93%	
商品E	900	1%	95%	
商品 J	850	1%	96%	
商品T	600	1%	97%	
商品O	500	1%	98%	
商品D	400	1%	98%	
商品P	300	0%	99%	C
商品S	250	0%	99%	
商品H	200	0%	100%	
商品 I	150	0%	100%	
商品R	100	0%	100%	
計	62,250	100%		

①　視覚化したい項目を含んだ明細データを作成する

②　集計したい項目ごとに集計する

③　頻度の多い順に項目を並べる

④　頻度の合計を 100 とした構成比率を算出する

⑤　頻度の順に構成比率の累計を算出する

⑥　構成比率の累計でグループ分けをする

では、ABC 分析を行った商品に対して、どのような対応をすればよいのでしょうか？　単純な方法としては、A グループの商品群を売れ筋商品として仕入れを増やし、売上を伸ばす、B グループの商品群は現状維持、C グループの商品群は死に筋商品として特売等で売り切り、代わりの商品を仕入れることが考えられます。しかし、実際にはそれだけでは不十分です。ABC

分析はある一定期間内の構成を捉えているだけなので、構成比率が増加傾向にあるのか、減少傾向にあるのか、また今後増加する見込みなのか、減少する見込みなのかを捉えることはできません。

そこで次節のプロダクトライフサイクルを組み合わせて考えることも必要です。Bグループの商品群の中でも成長期の商品ならば、プロモーションの強化と仕入れの増加でAグループに引き上げることも可能です。また、Bグループの商品群の中でも衰退期の商品ならば、Cグループになる前に代替となる成長期の商品との早めの入れ替えや、徐々に仕入れ量を減らしていき、在庫がなくなった時点で管理商品から外してしまうことも可能です。

ABC分析を行うにあたり、必要な実績データが集まらない、また集めるのに多大な作業時間を要するような場合は、情報システム化等それ以前の解決すべき課題が診断先企業にあることになります。そこで、小売業や飲食店等でABC分析を簡単に手助けしてくれる仕組みがPOSシステムです。POS端末は商品単品の実績データの収集機であり、店舗のコンピュータ（ストアコントローラ）でABC分析などの分析作業を簡単に行うことができます。

（4）　ABC分析の活用事例（飲食店メニューの見直し）

オリジナリティのあるメニューの豊富さとボリュームを売りにする中華居酒屋（単独店舗）の診断の際に行ったABC分析の活用事例をみましょう。

メニュー数は飲み物を除いて約100種類です。季節的変動も考慮して1年間のメニューごとの出食数をもとにABC分析を実施しています。POSを導入しているお店ではありませんが、毎日、顧客の注文伝票から出食数のカウントを記入した表を店主が残しているので、データ作成は時間がかかりますが、メニューごとのABC分析が可能です。

図表2-6-3はメニュー別出食数の構成比のパレート図です。また、**図表2-6-4**はABC分析によるメニュー別出食数のワースト10を抜粋した表です。

ABC分析でCグループとなったメニューは22品目あります。メニュー別

図表 2-6-3　メニュー別出食数パレート図

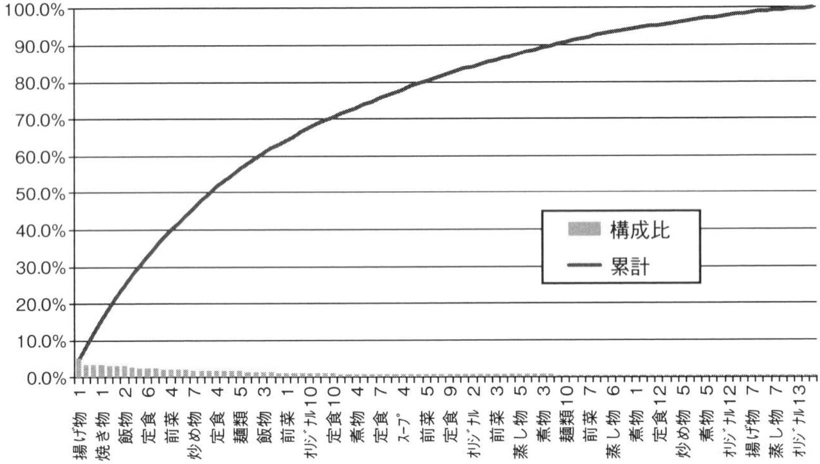

売上金額についても同様にABC分析を行い、出食数のワースト22品目で、かつ売上金額でもCグループとなったメニューが**図表 2-6-4**でアミ掛けされているものです。これにメニュー別粗利益額のABC分析も加えるとより多角的な見方ができますが、メニュー別の原価管理等ができていない店舗だったため、メニュー別粗利益額のABC分析は行っていません。

出食数、売上高のABC分析から、ともにCグループのメニューは単純にすべて廃止する判断もできますが、Aグループのメニューの食材と重複している場合は、強みであるメニューの豊富さに寄与していると判断して残す、子供が食べるメニューは家族連れの顧客誘引に寄与していると判断して残すことも必要です。また、競合店のメニューにないオリジナルメニューについても、プロモーション方法を提案することで残すこともできます。このようにABC分析の結果だけでなく、その商品の存在している意味を十分に考えることも重要です。

図表 2-6-4　ABC 分析表

グループ	累計比	メニュー数
A	75% 未満	40
B	95% 未満	34
C	95% 以上	22
計		96

メニュー	構成比	累計	グループ
炒め物 10	0.2%	98.5%	C
揚げ物 7	0.2%	98.7%	C
焼き物 4	0.2%	99.0%	C
オリジナル 8	0.2%	99.2%	C
蒸し物 7	0.2%	99.4%	C
オリジナル 7	0.2%	99.6%	C
前菜 8	0.2%	99.7%	C
オリジナル 13	0.1%	99.8%	C
オリジナル 9	0.1%	99.9%	C
オリジナル 16	0.1%	100.0%	C

（5）　ロングテール理論

80 対 20 の法則から、店舗販売では売上の 80% を占める上位 20% の品目を売れ筋として管理の主体としてきました。しかしながら、インターネット（Web 2.0 技術）による EC サイトの進展によって、ネットオンラインビジネスでは、B グループや C グループに属する商品も重要な収益源となります。このような少量多品種の商品群に着目した考え方を、一般的に**ロングテール理論**と呼んでいます。

ロングテールは、オンライン DVD レンタル店の米ネットフリックスや Amazon. com などのビジネスモデルを説明するために、米『Wired』誌の編集長であるクリス・アンダーソンによって提唱されました。ネットビジネスでロングテール理論が成り立つ理由は、次のとおりです。

①　ネットを利用して検索や商品の閲覧がいつでもどこでもできる

②　店舗販売よりも安い物流コストで取り扱える

パレートの法則が有効でなくなったわけではなく、パレートの法則とロングテール理論をうまく組み合わせて取り扱う商品構成を考え、収益増加につなげていくことが大切です。

⑦ PLC（プロダクトライフサイクル）

（1） 製品の寿命という考え方

市場に投入される製品にも人間と同じように寿命があり、製品もやがて市場から消滅していくことが避けられません。実際に、新製品のほとんどが市場に登場しては消えていきます。多くの製品をできるだけ長く市場に受け入れられるようにしていくことは、企業にとっては大きな課題です。

人の一生には、乳児期→幼児期→児童期→学童期→思春期・青年期→成人期→壮年期→老年期等の段階があり、「年相応」などといわれるように、それぞれの時期にふさわしい生き方があります。

製品の成長過程を、図表 2-7-1 に示すように 「導入期」「成長期」「成熟期」「衰退期」の４つのステージに分けて、各ステージによって市場の反応および企業のとるべき戦略が異なるという考え方が、PLC（プロダクトライフサイクル）です。「それぞれの時期にふさわしい生き方」＝「企業の採るべき戦略」と考えられます。

図表 2-7-1　PLC

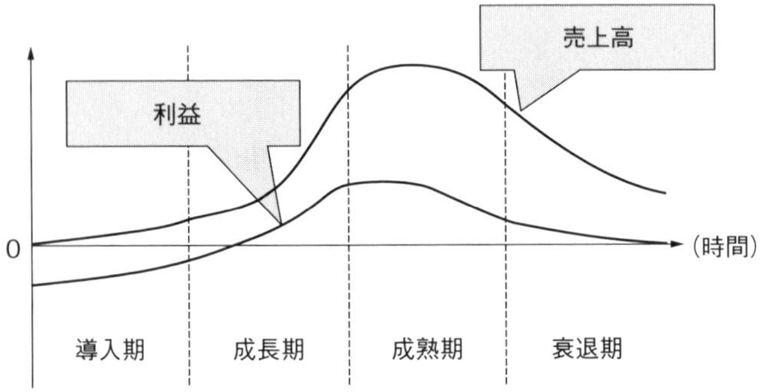

（2） 各ステージにおける市場状況

① 導入期

市場に登場して間もないところから、商品の認知率が低く、費用がかかり、売上も低いため、利益は出ません。

競合企業は少なく、競争相手の動向を気にする必要はありません。主要な対象顧客はイノベーター（革新者＝新しいものを積極的に取り込む高感度な人）・アーリーアダプター（初期採用者＝情報に敏感な人）と呼ばれる人たちで、彼らの特徴として、価格や他人の所有に左右されず、よいと思ったものは購入するという点があげられます。

② 成長期

導入期を経て製品の認知率が高まり、売上が大幅に伸びていく時期です。実際には、新製品として発売されたものの市場の支持を得られず、成長期を迎えることなく消えていく製品が多くなっています。市場の支持を得ることができた製品は、売上の増加とともに、経験効果によるコスト低減も加わることで利益が出るようになり、成長期の後半で最も高い利益率になります。

しかし、市場の拡大に伴い、競合企業も増えるため、成長期の終盤において淘汰が起こります。

主要な対象顧客であるアーリーマジョリティ（前期追随者＝慎重な判断をするが平均より早く購買する人）に受け入れられれば、製品の販売は一気に拡大するため、この顧客層をいかに開拓するかが重要です。

③ 成熟期

成塾期においては製品がひととおり流通し、市場が飽和状態となり、売上の伸びが鈍化して横ばいとなり、やがて高原状態（プラトー）になります。成熟期の前半では、まだ参入企業も多く、競争が激化して利益が低下し、売上高利益率は低下していきます。成塾期の後半になると新規参入企業は減少し始め、市場におけるシェアが安定しますので、この時期におけるシェアの高さが利益につながる場合もあります。このため、この時期までに高いシェアを獲得することが重要です。

この時点において、技術的な基本性能では差別化が難しくなってきており、価格の優位性や企業イメージ、製品のブランド力が重視されます。需要を維持するための値下げや積極的なプロモーション戦略、新商品の開発や既存商品の改良などによる自社ブランドの確立が重要になってきます。そうしなければ価格競争に巻き込まれてしまい、利益率が低下し、製品寿命の短縮化にもつながりかねません。

主要な対象顧客はレイトマジョリティ（後期追随者＝購買に慎重・懐疑的な人）と呼ばれます。

④　衰退期

衰退期においては市場の飽和が一層進み、売上が低下していきます。また、技術革新により、現在の製品よりも優れた性能の製品や代替品などの登場、および消費者の嗜好の変化により商品自体の需要がなくなってしまうことも考えられます。これらは、変化が激しく、予測の難しいところです。

また、この時期になると撤退する競合企業も現れるため、価格競争が減り、販売価格が回復する場合があります。

主要な対象顧客はラガード（遅滞者＝保守的な受容者）と呼ばれます。

各期における市場の状況をまとめたものが**図表 2–7–2** です。

図表 2-7-2 各ステージにおける市場状況

	導入期	成長期	成熟期	衰退期
企業	ごくわずか	多数参入	徐々に減少	減少
差別化	わずか	上昇	進む	低下
顧客	イノベーター アーリーアダプター	アーリーマジョリティ	レイトマジョリティ	ラガード
需要	緩やかに増加	急拡大	鈍化	減少
売上高	低い	急激な上昇	上昇→下降	低下
利益	赤字も	最大	減少	再び赤字も

（3） 各ステージにおける企業戦略

① 導入期

市場の確立および自社商品の認知率向上のための販売促進活動と、流通チャネルの確立が必要です。

ターゲット顧客へより効率的に情報を発信し、より製品を購入しやすい流通チャネルの確立が求められます。ここでの情報発信は、メーカーとしてではなく、新しい製品市場の需要喚起者としての情報発信となります。

消費者は、今までにない革新的な製品は多少価格が高くても購入にいたる傾向があります。このため、価格に関しては、あえて高い価格を設定する**スキミング戦略**（上澄み吸収価格政策）を採り、先行者利益を獲得することで、開発費や広告費などの費用を早期に回収することも考えられます。スキミング戦略は、技術的に他社より優れていて、真似することが難しい製品に適しています。

それとは逆に、市場シェアの早期獲得を狙うのであれば、あえて低価格を設定する**ペネトレイティング戦略**（市場浸透価格政策）を採ることになります。ペネトレイティング戦略は、価格を下げることで需要が高まる、いわゆる価格弾力性が高く、大量生産によって生産費用がより安くなっていく製品分野に適しています。

②　成長期

より多くの流通チャネル確立を行うとともに、製品の改良やラインの拡大、競合製品との差別化を行い、自社製品ブランドの確立が求められます。

参入企業が増えるこの時期に市場における地位が決まるため、市場拡大により獲得した利益を積極的に販売促進費用に投入することになります。消費者のニーズを把握し、メーカーとしての需要喚起のための他社と差別化した効率的な販売促進活動が求められます。

また、企業としての継続的な事業発展のためには、この時期に、次期を担う新製品の開発を検討することが求められます。

③　成熟期

ブランド・ロイヤリティを確立し、顧客の囲い込みを行うことでシェアを維持することが必要です。そのために、品質面での差別化と、価格面での競争優位を確保するための徹底したコスト削減対策が求められます。

また、製品によっては買い替え需要に重点を置くことや、既存顧客の囲い込みなど、市場を見直した新たなマーケットの発掘なども求められます。

この時期に、衰退期に向かいつつある現製品に代わる製品開発への着手が求められます。

④　衰退期

シェアが高い場合は、徹底したコスト管理やコスト削減および合理化等により、売上が低下しても利益を確保できる体制の構築が求められます。

シェアが低い場合は、撤退も含めた戦略の見直しが求められます。その際は、今後の需要予測、市場におけるシェアと当該製品の自社における売上・利益の構成比率、撤退に係るコスト、サンクコスト（埋没費用）を慎重に検

図表 2-7-3　各ステージにおける企業戦略

		導入期	成長期	成熟期	衰退期
企業戦略		販売促進活動 流通チャネルの確立	シェア拡大に向けた差別化 自社商品ブランドの確立 次期製品準備	顧客の囲い込み 次期製品の着手	コスト削減 合理化 イノベーションによる価値創造 撤退も
4P	製品	基本製品	ライン拡大	差別化	ライン縮小
	価格	コスト＝価格	市場浸透価格	競合対抗価格	価格引下げ
	流通	選択的	拡大・集中的	さらなる拡大	選択的・撤退も
	プロモーション	認知度向上	自社製品の認知構築	ブランド差別化 ベネフィットの強調	費用削減
マーケティング支出		高い	高い	低下	低い

討し、どの時点で市場から撤退するかという意思決定が重要になります。

市場が衰退していくとしても、緩やかに縮小していくのであれば、今後の売上もまだある程度見込めるので、コストを極力かけずに売上を確保することや、他企業への売却も考えられます。

また、イノベーションにより新しい価値創造が起こることで、成長期への移行もあり得るので、経営上の意思決定が求められます。

意思決定としては、追加投資等により衰退期から脱出できないか、特定の顧客に絞り自社の強みを活かしたニッチな製品として存続できないかを検討します。これらが難しいのであれば最終的に撤退を選択することになります。

各期における企業の戦略をまとめたものが**図表 2-7-3** です。

（4）　PLC の問題点

PLC には問題点もあります。それは、製品がライフサイクルのどの段階にあるのかが、正確にはわからないということです。たとえば、売上の急上昇は成長期に入ったためか、それとも景気や流行の影響なのかという判断が難しいといえます。

また、製品の成長は図表 2-7-1 のようなＳ字カーブを常に描くとは限りませんし、ライフサイクルの期間も何年、何カ月というように一定ではありません。ある段階を踏まずに進展や衰退したり、成熟期が何十年も続いたり、あるいは、衰退期に入ったかと思えばイノベーションが起こり、再び成長期に入ることもあります。市場規模において、普及率が５％で飽和状態になる製品もあれば、100％近くまで普及が進む製品もあり、ライフサイクルの長さは前もって判断できません。

これは、人間の寿命と異なり、企業がある製品のライフサイクルの形成に影響を及ぼすことができるためです。

（5） PLC を考えた企業経営

企業の発展において、ヒット商品は必要不可欠です。しかし、これまで述べてきたように、どんなヒット商品でもいつかは市場から消えてしまう運命にあります。

強力なヒット商品を抱えている企業は、それに依存してしまい、次世代を担う新商品の開発がおろそかになってしまうことがあります。

継続企業（ゴーイングコンサーン）となるためには、継続的に既存の製品を見直すとともに、現在の成長期にある製品が成熟期に移行した際に、導入期から成長期に移行する新製品を開発し、常に成長期に位置する製品を持ち続けることが必要になります。

また、経営資源を十分に把握したうえで、１つの市場に限らず、常にローテーションを考えた多角化を推進していくことも企業の業績の安定及び発展には欠かせません。

製品のライフサイクルが短くなっている昨今、自社の各商品がどのステージにあるのか、また競合他社の動きはどうなのかを考察したうえで、自社の戦略を策定していく企業経営が重要になってきています。その際には、同業種の情報だけでなく、異業種の動向も含めた幅広い情報収集が不可欠です。

⑧　ポジショニングマップ

（1）　ポジショニング

ポジショニングとは、ターゲットとする市場あるいは業界内において、独自の立ち位置を築き、顧客に対して自社の商品・サービスの差別化を図るための手段です。

差別化を図るためには、他社の商品・サービスがどのようなポジションにあるのか、また自社の商品・サービスはどのポジションであるべきなのかを知る必要があります。そのポジションを二次元グラフ化することで、視覚的に把握できるようにしたものが**ポジショニングマップ**です。非常にシンプルなフレームワークなので、汎用性が高く、さまざまな場面で活用することができます。

（2）　ポジショニングマップの構造

ポジショニングマップは、縦軸と横軸の２つの評価軸から構成されたマトリックス状のグラフです。縦軸と横軸にそれぞれの異なる評価の軸をつくり、評価したい商品やサービスの客観的評価をそのグラフ上にマッピングしていくことによって作成していきます。

図表 2-8-1 は、衣料品メーカーの商品イメージを評価したポジショニングマップの一例です。縦軸にデザイン性、横軸に機能性という２つの軸を設定し、A 社、B 社、C 社の評価をマッピングしています。グラフの上に行けばいくほどデザイン性の評価が高くなり、右へ行けばいくほど機能性の評価が高くなります。グラフを見ると A 社商品群が B 社・C 社と比較してデザイン性が高く、3 社の中で B 社が最も機能性に優れているということが、ひと

図表 2-8-1　衣料品メーカーのポジショニングマップ例（その1）

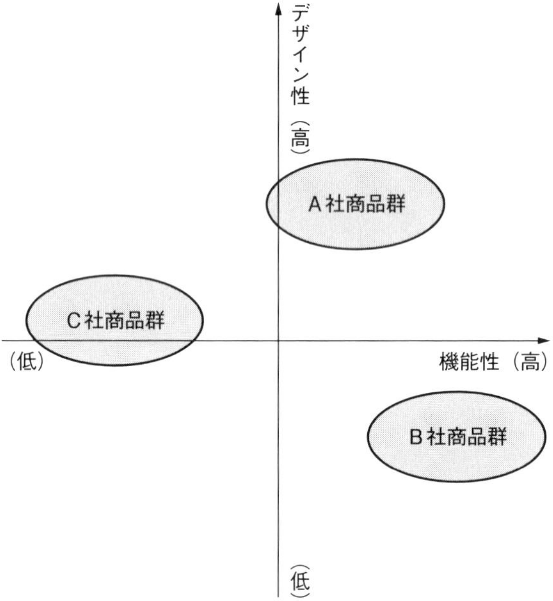

め見てわかります。

（3）　2つの軸の決定

ポジショニングマップを作成する上でもっとも重要になるのが、2つの軸をどのように決定するのか、という点です。先ほど例示した、衣料品メーカーの商品イメージを評価したポジショニングマップの評価軸を、デザイン性・機能性の2軸から価格競争力・耐久性の2軸に変えると、**図表 2-8-2** のようになります。

このように評価の軸を変えると、同じ会社の同じ商品のイメージを評価してもまったく別のポジショニングマップに変化します。このポジショニングマップ（その1）と（その2）は、どちらが正解でどちらが誤っている、というものではありません。どちらもポジショニングマップとしては正しいも

図表 2-8-2　衣料品メーカーのポジショニングマップ例（その 2）

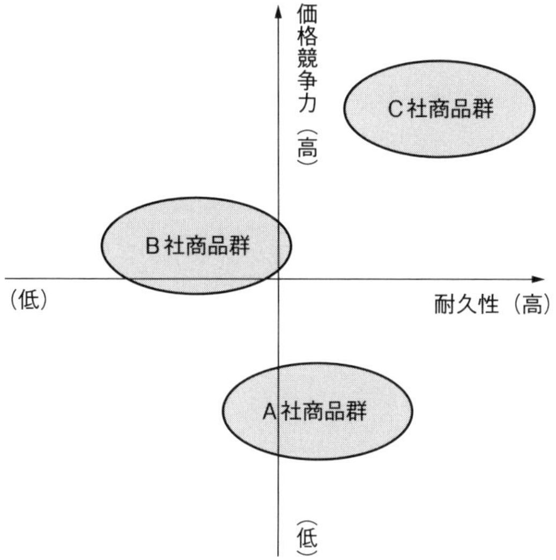

のです。しかし、そのグラフから読みとれる結果は大きく変わるため、その先に立案する戦略も変わったものになっていくかもしれません。言いかえれば、この２つのポジショニングマップは同じ会社の同じ商品イメージを評価したものでありながら、その用途が違うということになります。

では、２つの軸の決定はどのようにしたらよいのでしょうか。一番重要なことは、ポジショニングマップを活用して何がしたいのかを考えることです。簡単にいえば目的を明確にするということでしょうか。たとえば、ポジショニングマップの分析により、新商品を開発し、売上を伸ばしたいという場合であれば、最も大事なことは顧客のニーズになるでしょう。ターゲットと想定している顧客の**購買決定要因（KBF : key buying factor）**をもとに作成するということになります。購買決定要因とは、顧客が商品の購買を決める際に重視をする要素のことです。たとえば自動車であれば価格、デザインの良さ、乗り心地、操作性、加速性、ブランドイメージ、燃費、安全性といったものが考えられます。こうした購買決定要因は顧客ターゲットによっても異なります。

顧客のニーズから離れた位置にポジションをとっても売上への効果は見込めません。したがって、商品に対する顧客のニーズがどこにあるのかを分析・把握するところからこのフレームワークはスタートします。そして、その顧客ニーズの中で自社の商品開発に重要と考えられる要素を２つの軸に組み込んでいきます。

一方で、とにかく革新的な商品を開発して市場にインパクトを与えることが目的で、そのためにどのような商品を開発すればいいのか検討するような場合など、顧客ニーズへの重要性は低下し、他の要素を検討しなければなりません。このように、その目的に合わせて適切な評価軸を選ぶことがポジショニングマップを作成するうえで最も大きなポイントとなってきます。

（4）　マッピングのコツ

２つの軸の決定方法についてのポイントですが、それぞれ相関関係がない項目を選ぶ必要があります。たとえば、価格と品質のようにある程度の相関関係が想定されるものを選んでしまうと、マッピングした際に、右肩上がりの直線の中に分布してしまうことになります。**図表2-8-3**はその例です。A社、B社、C社のイメージが一直線に並んでいます。価格が高い商品ほど一般的に品質は高くなるので、当然の結果といえます。相関関係の規格外になるものを抽出したいケースなど、例外的に有効なケースもありますが、特別な技術革新を自社が実現したということでもない限り、その分布から外れるポジションをとることは難しいため、ポジショニング戦略を検討するうえで有効なマップであるとはいえません。

次に、評価基準が曖昧であったり、ポジショニングマップ作成者の主観が大きく影響してしまったりすることも避けるようにします。ポジショニングマップ全体の信頼度が著しく低下してしまうからです。客観的な資料にもと

図表 2-8-3　衣料品メーカーのポジショニングマップ例（その 3）

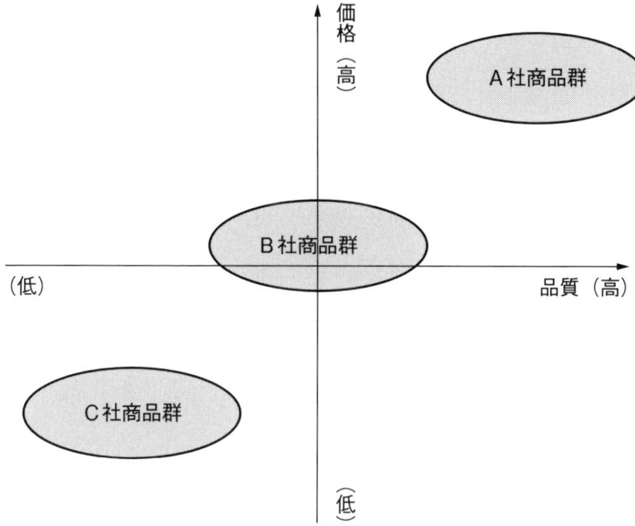

づいた評価や、アンケート調査を行った結果を反映させるなどして、主観的な判断を極力排除したうえでポジショニングを行わないと、そのポジショニングマップは無意味なものとなります。

（5）　戦略立案へ

ポジショニングマップは、作図が完成した段階で終わりではありません。作成したポジショニングマップを分析し、その分析結果をマーケティング活動などに活用できなければ成功とはいえません。

まず分析についてですが、それぞれの軸の特性を考慮して分析を行う必要があります。たとえばこれまで参考にしてきた衣料品を例にとりましょう。今回新たにＤ社が新規に参入するケースを考えます。既存の３社のブランドイメージが図表 2-8-4 のようにマッピングされたとします。これをみると、高級感があり、革新的な領域が空白になっています。この領域にＤ社のイ

図表2-8-4　衣料品メーカーのポジショニングマップ例（その4）

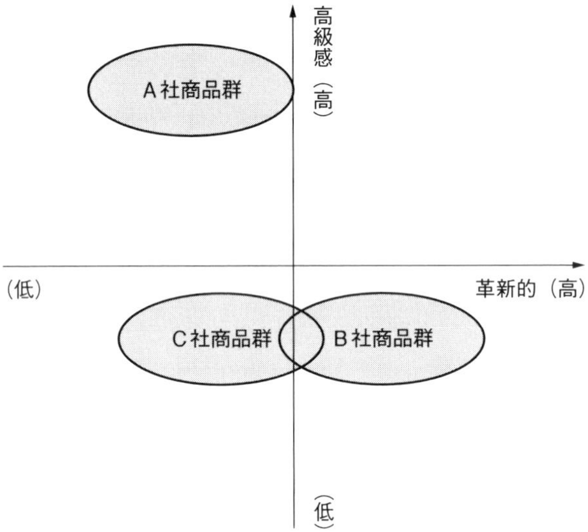

メージが位置することができれば、差別化は成功することになります。

しかし、必ずしも空いている部分に位置することを目指した戦略を立てることが正しいとは限りません。それはD社の企画力・開発力・生産力がそのポジションに合うものでないかもしれないからです。実現が困難な戦略は自社の体力を疲弊させるだけで効果は上がりません。実際に戦略を立てるにあたっては、総合的な判断が必要となります。他社の領域とだぶらないことがベストですが、自社の生産力・開発力などをかんがみ、検討を重ねていくことが求められます。

（6）　ポジショニングマップの活用法

ポジショニングマップには、さまざまな利用方法があります。評価する2つの軸を用途に合わせて変えればいいわけですから、無限のポジショニングマップが存在するといえます。

たとえば家電製品など、ひとつのメーカーからスペック等により何種類もの商品が存在する場合など、顧客に対してどのような特徴があるのかを訴えるために自社製品をポジショニングマップで評価し、パンフレットに記載するというような例もあります。

また、自社のサービスではなく、顧客をポジショニングしてしまうという方法もあります。顧客の属性や趣向を分析し、ポジショニングすることで、ターゲットとする顧客が明確になり、サービスの方向性を的確につかむことができるようになります。

さらにビジネスの世界だけでなく個人的な用途として使うことも可能です。たとえば家を購入する場合、自分の希望する条件などを評価軸にとり、ポジショニングマップを作成してみることで、自分の希望に合った家をみつけやすくするなどの使い方も考えられます。このように、ポジショニングマップは軸の使い方を工夫することにより、無限の使い方が可能です。

⑨ アンゾフの成長ベクトル

（1） 製品と市場の視点による成長戦略

ゴーイングコンサーン（going concern）という言葉にみられるように、企業は将来にわたって継続し、成長・発展を続けていくべきものです。そのための成長戦略を、製品と市場という２つの視点によって捉えたフレームワークが成長ベクトルです。アメリカの経営学者イゴール・アンゾフによって考案されたことから、**アンゾフの成長ベクトル**とも呼ばれています。

アンゾフは、製品と市場という２つの視点を、それぞれ既存と新規に分け、合計４つの戦略に類型化しました。それが、図表 2-9-1 に示す、**市場浸透戦略、新製品開発戦略、新市場開拓戦略、多角化戦略**です。

図表 2-9-1　アンゾフの成長ベクトル

		製品・サービス	
		既存	新規
市場	既存	市場浸透戦略	新製品開発戦略
	新規	新市場開拓戦略	多角化戦略

（2） 市場浸透戦略

市場浸透戦略とは、既存の市場（あるいは、既存の顧客）に対して、既存の製品やサービスを提供する戦略です。売上高の増加とマーケットシェアの拡大のために、マーケティングミックス（第２章⑤参照）などを活用し、既存顧客を固定化したり、競争企業の顧客を奪ったり、現在購入していない人を顧客として獲得したりすることを目指します。

たとえば、シャンプーであれば、家族用に大きめのボトルをスーパーマーケットで販売し、使用量・購入量のアップを図るとか、独身者をターゲットに小さめのボトルでコンビニを中心に販売し、購入機会の増加を図るといったことがあげられます。

ハンバーガー店であれば、客単価を上げるためのバリューセットの販売、スマホアプリを活用した来店誘導、利用者へのポイント付与といったことがあげられます。

宅配便であれば、取次店を増やしたり、時間帯を指定した配送やｅメールによる届け先への連絡、電子マネーによる支払いなどによって利便性を向上させ、顧客を囲い込むことがあげられます。

（3） 新製品開発戦略

新製品開発戦略とは、既存の市場（あるいは、既存の顧客）に対して、新たな製品やサービスを提供する戦略です。新技術を利用した新製品の開発・販売や、従来製品のモデルチェンジなどによって、販売数量の増加や既存製品からの買換え需要の喚起を目指します。この戦略には、製品ラインを増やしたり、新ブランドを投入することも含まれます。

たとえば、テレビ（受像機）であれば、プラズマディスプレイや液晶テレビの開発・販売で、テレビの薄型化・大型化が進み、それまで使われていたブラウン管テレビからの買換えが促進されたといったことがあげられます。

食料品であれば、ビール、缶コーヒー、ペットボトル入りのお茶などの飲料、カップ麺やスナック菓子などの食品は、日々多くの新製品が市場に投入されています。

自動車メーカーが新車種を投入したり、定期的にモデルチェンジを実施しているのもこの戦略に含まれます。

（4）　新市場開拓戦略

新市場開拓戦略とは、新たな市場（あるいは、新たな顧客）に対して、既存の製品やサービスを提供する戦略です。地理的に拡大し新たな市場を開拓する場合と、対象とする顧客セグメントを広げることで新たな市場を開拓する場合があります。

地理的な拡大の例としては、日本国内や先進国を市場としている自動車や家電のメーカーが新興国に販売網を拡大したり、国内の飲食チェーンやコンビニチェーンが中国や東南アジアに進出するといったことがあげられます。

顧客セグメント拡大の例としては、トイレタリーメーカーが、高齢化にともなう介護需要等の増加に合わせ、大人用の紙おむつ市場を開拓するといったことがあげられます。

（5）　多角化戦略

多角化戦略とは、新たな市場（あるいは、新たな顧客）に対して、新たな製品やサービスを提供する戦略です。４つの戦略の中で、最もリスクの高い戦略といえます。多角化戦略は、**図表 2-9-2** に示すように、さらに４つの種類に分けることができます。

図表 2-9-2　多角化戦略の種類と特徴

種　類	既存事業との関連性	多角化の特徴
水平型多角化	あり	同じ分野で横（水平）に展開
垂直型多角化	あり	上流または下流（垂直）に展開
集中型多角化	あり	自社のコア・コンピタンス活用
集成型多角化	なし	新規事業、リスキー

①　水平型多角化

同じ分野で、技術的な関連のある新製品やサービスを開発して、事業を拡大することです。例としては、オートバイの製造・販売をしていたホンダの自動車事業への進出があげられます。二輪車で培った駆動装置や制動装置などの技術を四輪自動車へ適用しています。

②　垂直型多角化

原材料の生産、製品の製造、製品の販売やサービスの提供といった、サプライチェーンの上流または下流の分野へ進出することです。例としては、居酒屋チェーンを運営するワタミやイタリアンレストランを展開するサイゼリヤが、農業生産法人を設立して農業事業に参入することがあげられます。自社栽培によって安全・安心な農作物を供給するとともに、中間マージンの削減で材料調達コストの低減を図っています。

③　集中型多角化

既存の事業で培った技術やノウハウなどのコア・コンピタンス（他社に真似できない核となる能力）を活かして、新しい事業に進出することです。ビール会社は、醸造と発酵の技術を活かしてバイオ事業に進出しています。

タニタは、家庭用体重計や体脂肪計等の製造・販売、本社社員食堂のレシピ開発等で蓄積した健康づくりのノウハウを活かして、新業態のヘルシーレストラン「タニタ食堂」をオープンしました。

④　集成型多角化

既存の事業との関連性がほとんどない分野へ進出することです。電機メーカーが銀行業務へ進出したソニー銀行や、小売業が銀行業務へ進出したセブン銀行の例があげられます。

過去には、日立造船による杜仲茶事業への進出という例もありました（後に小林製薬へ事業譲渡）。

企業が多角化戦略を採用する理由には、既存事業の衰退、企業内にある未利用資源の有効活用、リスク分散による収益の安定化などがあります。

また、多角化戦略を進めるにあたって特に重要な要因として、**シナジー（Synergy）**があります。シナジーとは事業間の相乗効果のことで、販売シナジー、生産シナジー、投資シナジー、経営管理シナジーなどがあります。相互補完的な事業領域を持つ企業同士が連携することで、1+1=2といった単純総和ではなく、2を超えるような効果をもたらします。

（6） 成長ベクトルを活用する際の留意点

成長ベクトルを活用する前提は、現在、企業がどのような製品やサービスを提供していて、それらの製品やサービスにおける強み（コア・コンピタンス）が何かを正しく理解していることです。そのうえで、それらの製品やサービスがどのようなマーケット（あるいは顧客）に対して提供されているかを明確にしておく必要があります。そのためには、SWOT分析を活用するとよいでしょう。

企業が成長・発展を続けていくためには、将来のあるべき姿、そこへ向かう道筋を明らかにする必要があります（どのような道筋を選ぶかが、企業の戦略です）。本章で紹介しているさまざまなフレームワークを使って企業の置かれている状況を把握したうえで、将来のあるべき姿を描くのに活用できるフレームワークが成長ベクトルです。

なお、将来のあるべき姿が描けたとしても、中小企業には、ヒト、モノ、カネ、情報、ノウハウ、販売チャネルといった経営資源に限りがあるため、自社単独で実現するのは難しいことが多いはずです。そこで、企業の外部にある資源を活用することが重要になってきます。

外部資源の活用としては、アウトソーシングや提携、M&Aなどがあります。提携先には、大企業や中小企業、大学や試験研究機関、NPOなどが考えられます。また、中小企業が中心となって連携体を構築する場合には、公的な仕組みの活用も検討するとよいでしょう。たとえば、中小企業等経営強化法では、「異分野連携新事業分野開拓」（通称「新連携」）という施策があり、経済産業省が「新連携計画」を認定しています。公的な仕組みでは、中小企業に対してさまざまな支援策があるので、利用できる施策等をよく調べておきます。

（7）　成長ベクトルの活用事例

特殊な燃焼システムによる高温燃焼でダイオキシン類を分解できる焼却炉を製造し、主として自治体向けに販売しているＡ社を例にとってみましょう。成長ベクトルでＡ社の成長戦略を考えると、**図表2-9-3**のようになりました。

図表2-9-3　成長ベクトルによるＡ社の成長戦略

		製品・サービス	
		既存	新規
市場	既存	【市場浸透戦略】 焼却炉の販売強化（自治体中心）	【新製品開発戦略】 自治体向け新製品の開発
	新規	【新市場開拓戦略】 焼却炉の新しい活用法	【多角化戦略】 高温燃焼技術を活かした多角化

環境規制の強化やエコ意識の高まりから、Ａ社の焼却炉の評価が高まっているとはいうものの、自治体中心のマーケットには限りがあります。また、自治体向けの新製品開発や高温燃焼技術を活かした多角化も、研究者や資金の不足からＡ社にとっては難しい選択肢です。

そこでＡ社が注目したのは、高齢化社会を迎え、使用量が急増している大人用紙おむつの焼却処分需要でした。Ａ社は、病院から使用済み紙おむつの回収を受託しているＢ社、リース会社のＣ社と連携して、「紙おむつ専用焼却炉・処理サービス」を事業化しました。Ａ社の焼却炉を、Ｃ社が顧客である病院向けにリースし、Ｂ社が作業員を派遣して使用済み紙おむつの回収・焼却処分を担当します。さらに、Ａ社はリースした焼却炉の運転・管理・メンテナンスを請負います。

Ａ社は、新市場開拓戦略に従い、病院という新規マーケットを開拓したことになります。

⑩ PPM

（1）　会社の事業をポートフォリオで考える

多くの企業は、1つの製品や事業だけでなく複数の製品や事業を展開し、経営リスクに備えているでしょう。しかし、製品や事業ごとの特性や収益性を把握し、戦略化している企業は意外と少ないものです。多角化の失敗に端を発し、ノンコア事業の支援にコア事業の収益が使われ、倒産に追い込まれた大企業もあります。

PPM（プロダクト・ポートフォリオ・マネジメント）は、複数の製品や事業を展開している企業が、戦略的観点から経営資源の配分が最も効率的となる製品や事業の相互の組み合わせ（ポートフォリオ）を決定するための経営分析・管理手法です。1970年代に、米国のボストン・コンサルティング・グループが提唱しました。

PPMは、一般に、**図表2-10-1**のように、縦軸に**市場成長率**をとり、横軸に**相対的市場占有率**をとります。2×2の二次元で製品や事業を４つの領域に分類し、製品や事業ごとに収益性、成長性、キャッシュフローなどを評価し、その拡大、維持、縮小、撤退を決定します。

（2）　４つの事業区分

各製品や事業は、市場成長率と相対的市場占有率の高低などによって分類された４つのセルに位置づけられます。**「花形事業」**、**「金のなる木」**、**「問題児」**、**「負け犬」**の４つが、セルの名称です。また、それぞれのセルは資金の流出と流入のキャッシュフローの内容において違いがあり、自社におけるキャッシュ貢献度を明らかにします。

図表2-10-1　PPMのマトリックス

①　花形事業（高成長率・高シェア）

「花形事業」に位置する事業は、大きな利益が得られる一方で、成長のための継続的な投資が必要な事業です。そのため、大きなキャッシュフローは期待できませんが、投資を続けることによって、「金のなる木」に育成することが目標となります。

②　金のなる木（低成長率・高シェア）

「金のなる木」に位置する事業は、収益力は大きいですが、今後の市場成長が期待できない事業です。新規の投資をそれほど必要としない事業なので、企業全体の資金源となり、ここで回収したキャッシュで他の事業を育てます。

③　問題児（高成長率・低シェア）

「問題児」に位置する事業は、資金流入が少ないのに市場成長率が高いので、早い段階で集中投資をしてシェアを拡大する必要があります。このセルの中の製品や事業に対して採るべき戦略は、「金のなる木」の余剰資金を投入して「花形製品（事業）」に育成するか、整理・撤退するかを選択します。

④　負け犬（低成長率・低シェア）

「負け犬」に位置する事業は、キャッシュも生まず、市場成長率も低いため、将来大きな資金源泉として期待できない“お荷物事業”です。したがって、それまでの投資が回収できなくても、なるべく早い段階で整理、撤退の判断が必要です。

（３）　PPMの論理的根拠

次に、縦軸と横軸は何を意味するのでしょうか。市場成長率は外部要因としての機会（市場や産業の成長性、魅力度など）を、相対的市場占有率は内部要因としての強み（自社の優位性、競争力・潜在力）を表しています。また、市場成長率はPLC（プロダクトライフサイクル）（第２章⑦参照）を前提とし、相対的市場占有率は**経験曲線効果**を前提とし、２つの尺度でマトリックスを形成します。

図表 2-10-2　PPMの前提

PPMの座標軸	関係する理論
市場成長率 （縦軸）	PLC （プロダクトライフサイクル）
相対的市場占有率 （横軸）	経験曲線効果

経験曲線効果とは、ボストン・コンサルティング・グループが実証的に発見した経験則で、累積生産量が２倍になると、単位当たりのコストが20～30％逓減するという節約効果です。競合企業より累積生産量を多くすれば、コスト競争力が高まります。累積生産量を高めるには、市場シェアを高めれ

ばよいという理論です。

図表 2-10-3　経験曲線のイメージ

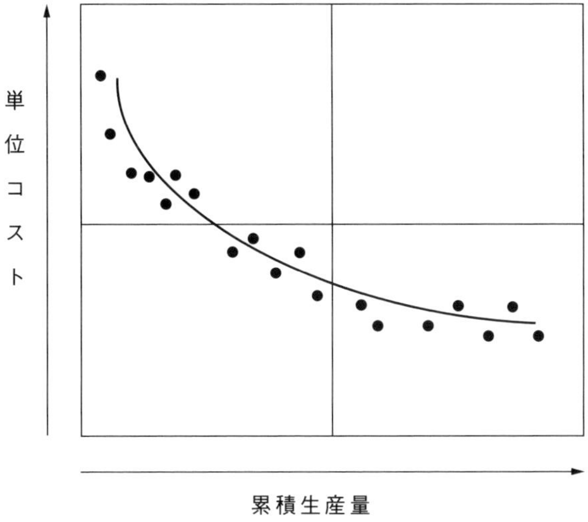

（4）　PPM の活用事例

4つの事業分野を持つ、ある製造業X社の診断で、現状分析のためにPPMを活用した事例をみてみましょう。

ある1期分の分野別損益計算書にもとづいて、X社の製品分野を4つの領域に分類しました。横軸の相対的市場占有率はトップ企業と比較した場合の自社のシェアを表しますが、X社はニッチな特殊技術を持つ中小企業であるため、収益性に置き換えて分析しました。また、円の大きさは売上高の相対的規模を表します。

◆A 分野

X社の主力事業で、売上高全体の6割を占めます。他社の追随を許さない特殊技術のため、売上高総利益率も40% 程度と業界標準より高く、X社にとって、まさに「金のなる木」の事業です。

図表 2-10-4　X 社の PPM マトリックス

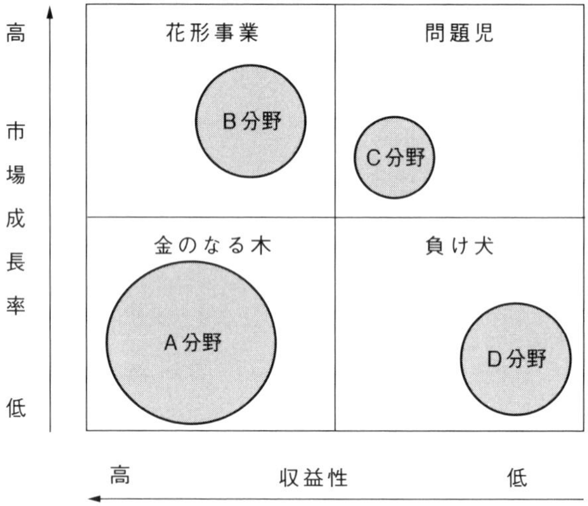

◆B 分野

A 分野のコア技術を活かして新規参入を果たした事業です。成長性のある業界の顧客ニーズに応えた製品群で構成されていますが、たび重なる改良や新規顧客獲得のため、新たな投資が必要な分野です。

◆C 分野

さらなる先端技術を追求し、海外を含む新たな販路を模索中の事業です。分析時点の売上高は当社全体の 10% 程度ですが、今後の成長が見込める分野です。

◆D 分野

当社の創業以来の事業です。外部環境の影響を受けやすく、分析時点では収益が悪化しています。

（5） PPM の限界

PPM は非常に堅固な理論的背景がありますが、それだけに実態と適合しないケースもあり、また、多面的な特性を持つ製品や事業を２つの軸で位置づけるため限界が生じることもあります。主な限界内容は以下のとおりです。

① 市場成長率の低下は、必ずしも成熟市場において起こることではなく、成熟市場であっても、新製品開発や外部環境の変化により市場成長が活性化する場合がある。

② 市場成長率と相対的市場占有率の２つの軸を精緻に測定することができない。

③ 現実の企業は、資金創出の点だけで事業を評価していない。PPMでは、複数事業間の**シナジー効果**が見落とされている。

たとえば、X社のD分野は、一時的な外部環境要因で成長率と収益が低下しましたが、現在は回復しています。D分野は創業以来の事業であり、X社の技術の根幹であるため、A分野とのシナジー効果が高く、整理・撤退はできない状況にありました。

PPMは、あくまでも分析手法の１つとして捉え、絶対視しないことが重要です。消費者のニーズは多様化し、変化のスピードも一段と速くなっていますので、企業が生き残るためには、効率的な事業に経営資源を集中する一方で、独自の製品戦略と事業ごとの採算管理を徹底し、非効率な事業から迅速に撤退する仕組みづくりと決断が必要です。PPMは、事業間の関係を整理・体系化する手法として、シンプルでわかりやすいものといえるでしょう。

⑪　SWOT 分析

（1）　フレームワークの定番 SWOT 分析

意思決定に必要な企業や個人に対して、**「強み」（Strength）**、**「弱み」（Weakness）**、**「機会」（Opportunity）**、**「脅威」（Threat）** の4つの要因を軸に、事業の評価や現状分析を行い、目標達成のための戦略を練るツールが **SWOT（スオット）分析**です。4つのそれぞれの頭文字をとっています。

1960年代から70年代にかけて、スタンフォード大学で研究プロジェクトを導いたアルバート・ハンフリーによって構築されたといわれています。SWOT分析は、フレームワークの中でも定番であり、「そんなの知っている」といわれそうですが、正しく使えば、かなりの効果を発揮するのも事実です。しっかり理解し、使えるようにしたいものです。

コンサルティングにあたっては、クライアント企業の経営課題を明確化するためにSWOT分析を使います。

SWOT分析は、強み・弱みといった内部環境と、市場や顧客獲得の機会・脅威といった外部環境を、マトリックスにして分析していきます。

①　内部環境の分析

内部環境は、人材、製造、財務などのほか、**マーケティングの4P**［Product（商品）、Price（価格）、Promotion（販売促進）、Place（立地、流通）］・**4C**［Customer value（顧客にとっての価値）、Customer cost（顧客にかかるコスト）、Convenience（顧客にとっての利便性）、Communication（顧客との会話）］の視点から分析することになります。

たとえば、「ベテランが多く、技術力も高い」（強み）、「ブランド力が弱い」(弱み)、「マーケティングの専門部署があり、市場調査に定評がある」(強み)、「自己資本比率が低く、借入金の依存度が高い」(弱み)といった項目があげられます。

なお、ここでいう強みや弱みは、あくまでも競争相手と比較した場合の相対的なものであるということに注意してください。また、強みは、同時に弱みにつながります。たとえば、「ベテランが多い」という強みは、同時に「若手が少なく、育っていない」ということになるかもしれません。この点の判断は、従業員の年齢構成等業界の平均的なデータを参考に課題を明確にする中で、できるだけ客観的な判断をしていきます。

② 外部環境の分析

また、**外部環境**には、マクロ経済、技術革新、法令や会計税制の変更などの環境変化が含まれます。たとえば、「環境技術メーカーにとって、エコ意識の高まり」(機会)、「自社にとって不利となる減価償却制度の改正」(脅威)、「競争相手の新規参入」(脅威)などがあげられます。

外部環境の分析には、すでに述べたマクロ環境分析の**PEST**分析(第2章①を参照)や、業界環境分析の**5フォース**(第2章②を参照)などのフレームワークが有効です。

分析すべき外部環境(機会・脅威)を、「顧客」と「競合」の観点から整理すると、項目が導きやすいでしょう。そして内部環境(強み・弱み)は、「自社」のことになります。**3C(Customer「顧客」、Competitor「競合」、Company「自社」)**(第2章④を参照)を念頭に、現状分析を行うとよいでしょう。

分析の切り口上、多少のダブリがあっても、モレのないようにすることが大切です。これまでのフレームワークのいわば総集といえるものです。

外部環境と内部環境の状況を抽出したうえで、自社の現状を評価します。

自社の内部要因をプラス面かマイナス面かのいずれかに区分し、外部環境の要因をプラス面かマイナス面かいずれかに区分することにより、考えうるほぼすべての要因を網羅するようにします。

コンサルタントは、このSWOT分析をどう捉えていくかに腐心するといっても過言ではないでしょう。

SWOT分析を行う際は、通常、カードやポストイットメモなどに要因を記入し、それを一人何枚か提出させてグループで検討する**KJ法**を活用します。コンサルティングメンバーの場合、パワーポイントの表をプロジェクターに映し出し、その場で議論を重ねるか、あるいは、メールのやり取りで相互に検討していきます。

筆者の場合、**図表2-11-1**のように、左上から「S」「W」「O」「T」の順に4つのマトリックスを表示します。このほうがわかりやすく、会社の強みから説くほうがプレゼンテーションのときにもやりやすいからです。しかし、思考や議論の段階では、まず外部環境を先に洗いだして整理したうえで、内部環境の強み・弱みを考えていくほうが焦点が定まります。

図表2-11-1　SWOT分析　モデル図

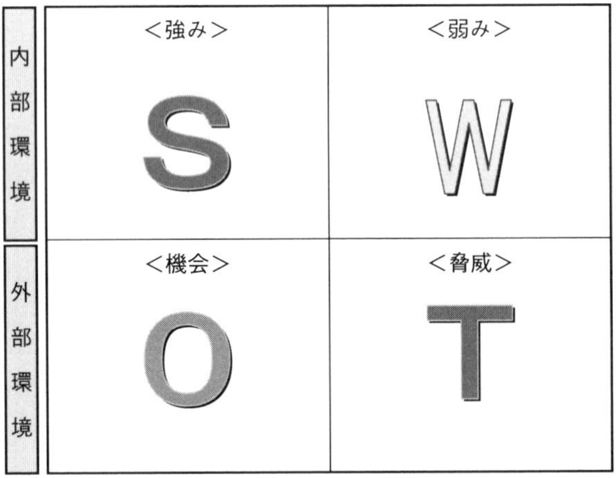

図表 2-11-2 SWOT 分析　構図と分析の視点

環　境	SWOT分析		分析の視点	
内部環境	Strength	強み	Company	自社
	Weakness	弱み		
外部環境	Opportunity	機会	Customer	顧客
	Threat	脅威	Competitor	競合

マーケティングミックス4P（4C）の視点			
Product	商品	Custormer value	顧客の価値
Price	価格	Custormer cost	顧客のコスト
Promotion	販売促進	Convenience	顧客の利便性
Place	立地、流通	Communication	顧客との会話

PEST分析　マクロ環境分析の視点	
Political	政治情勢　法律･通達の改正､施策の変更
Economic	国内外の経済情勢　景気・業況の変化
Social	社会・文化的状況
Technological	技術革新に伴うIT環境

5フォース　業界環境分析の視点	
新規参入の脅威	他社、他業界からの参入
同業他社との競合	競争相手の動向
代替品の脅威	代替商品の普及
売り手の交渉力	値下げ圧力
買い手の交渉力	低価格の需要、高付加価値の要求

（２）　戦略の方向性はクロス SWOT で

SWOT 分析は、網羅性があり、論理的にすっきりしたフレームワークですが、静態的で実用性に乏しいという批判もあります。また、優先順位が明確にならない、SWOT リストの羅列に終始しがちで戦術・戦略に結びつかないといった短所もあげられます。

そこで、SWOT 分析の発展形として、「強み（S)」と「弱み（W)」および「機会（O)」と「脅威（T)」の各項目をクロスさせて、その４つのセルごとに戦略の方向性を考えるフレームワークが考案されました。これはサンフランシスコ大学のハインツ・ワイリック教授が提唱した分析手法を参考にしたものとされ、日本では「クロス SWOT 分析」の名称で呼ばれています。

たとえば、「強み」と「機会」とを組み合わせて、強みを武器にして機会を最大限に活用する「**積極化戦略**」を考案し、一方で「弱み」と「脅威」を組み合わせて、弱みを補い、脅威から自らを守る「**防衛策**」を検討するというものです。

漠然と考えるよりも、クロス SWOT 分析のマトリックスを描きながら、導きだすべき４つの戦略を半ば強制的に考えるほうが、思考や意見交換の時間が短縮でき、効率的で精度も高まります。

また、思考プロセスが視覚化されるため、コンサルティングチームやプロジェクトチームのメンバーと問題点を共有する場合などに有効であり、改善策を４つの象限から考えていくので、問題点に立脚した対応策が具体的に出てくるといったメリットがあります。

クロス SWOT 分析を行うことで、戦略立案の定石やセオリーを、メンバーとのコミュニケーションの中で習得できる点もメリットといえるでしょう。

（３）（クロス）SWOT 分析を行う際の留意点

（クロス）SWOT 分析を行う際の留意点は、次のとおりです。

・外部環境は、PEST 分析・５フォース分析からマクロ的分析を行います。

　コトラーの４つの競争地位から、業界内部の分析と当社の立ち位置を把握します。3C 分析の「顧客」・「競合」の視点からも検討を加えます。
・外部環境分析では、直接自社に関係のない政治的・経済的要因は考慮しなくてもよいでしょう。
・内部環境については、3C の「自社」の視点から検討を加えます。マーケティングミックス（4P・4C）、ABC 分析・PLC・ポジショニングマップにより、製品・価格・流通チャネル・販売促進・事業構成の観点から経営課題をピックアップします。
・通常、１つの象限に 3〜10 個の項目を文章で書き上げます。
・行き詰まったときは、ヒト、モノ、カネ、情報の４つの経営資源に関する指摘漏れはないか考えてみます。
・**「強み×機会　積極化戦略」→**　強みと機会を活かし自社の優位性を高める
　「強み×脅威　差別化戦略」→　脅威を自社の強みで差別化する
　「弱み×機会　弱点強化戦略」→　弱みで機会損失とならない対策を打つ
　「弱み×脅威　防衛策」→　専守防衛か撤退で最悪の事態回避策を採る
・積極化戦略が描けないのは、外部環境分析が不十分なケースが多く、再度検討します。
・（クロス）SWOT 分析から戦略立案を考えることは、変化の時代を捉え、内部資源をいかに活用していくかを決めるもので、コンサルティング上は、そのまま改善提案につながります。
・（クロス）SWOT 分析は、現状分析から戦略の策定、改善提案へのいわば骨子といえるものであり、マトリックス上、一連の整合性が保たれているかどうかを検証していくことが大切です。

（4）（クロス）SWOT 分析の活用事例

　実際の活用事例をみてみましょう。近隣の大規模商業施設のオープンと同時に大手メガネ店が商業施設内に出店してきた場合、地元のメガネ専門店が採った戦略です。財務関係の分析は行っていませんが、当店の採るべき戦略の方向づけの参考になります。

実務上のコンサルティングとしては、現状分析を踏まえた4つの戦略オプションから、このあと具体的な改善提案をしていくことになります。

図表2-11-3　地元のメガネ専門店のSWOT分析

内部環境	＜強み：S＞ ・地域密着型の専門店としての信頼と実績がある ・検眼調整に関する技術力が高く、クレームが少ない ・既存顧客のリピーター率が高い ・店舗は広く奥行きがある	＜弱み：W＞ ・店舗コンセプトが不明確である ・顧客ターゲットに合った店づくりができていない ・顧客への対応は販売員任せで、顧客データを活用していない
外部環境	＜機会：O＞ ・客単価の高い40～50代が多い地域 ・昼間人口が多く、職域マーケットとしての魅力がある ・近隣に商業施設ができて、商圏内の人口が増加している	＜脅威：T＞ ・眼鏡業界全体の売上高は低下傾向にある ・長期的には、コンタクト、レーシック等の普及によりメガネの需要は縮小する ・仕入価格高騰の懸念がある ・商業施設内に大手他社が出店した

図表 2-11-4　地元メガネ専門店のクロス SWOT 分析

内部環境 外部環境	＜強み：S＞ ・地域密着型の専門店としての信頼と実績がある ・検眼調整に関する技術力が高く、クレームが少ない ・既存顧客のリピーター率が高い ・店舗は広く奥行きがある	＜弱み：W＞ ・店舗コンセプトが不明確である ・顧客ターゲットに合った店づくりができていない ・顧客への対応は販売員任せで、顧客データを活用していない
＜機会：O＞ ・客単価の高い 40～50 代が多い地域 ・昼間人口が多く、職域マーケットとしての魅力がある ・近隣に商業施設ができて、商圏内の人口が増加	積極化戦略 ・技術と信頼へのニーズが高い商圏内中高年層への告知活動を行う ・店内プロモーションを強化する マグネットを活用し店内奥への誘導 ・売れ筋のスリープライス商品に重点	弱点強化戦略 ・ターゲットを明確にした品揃え ・顧客データを活用した売れ筋分析把握 ・既存顧客の一元管理
＜脅威：T＞ ・業界全体の売上高低下 ・長期的にはコンタクト、レーシックによりメガネの需要は縮小 ・仕入価格高騰の懸念 ・商業施設内に大手が出店	差別化戦略 ・店舗づくりで、競合他社と差別化を図り、新規顧客を獲得する ・遠近両用ワンプライス商品の投入	防衛策 ・在庫品のコスト削減 ・競合するファッションブランドおよび利益率の低いネット通販からの撤退を検討

⑫　バランススコアカード

（1）　バランススコアカード

バランススコアカード（Balanced Score Card）は、多面的な視点から企業戦略を客観的に評価し、管理していこうとする手法です。企業ビジョンの実現に向けて、**戦略目標**を構造的に策定し、それぞれの戦略に対して**重要成功要因・業績評価指標・アクションプラン**を具体的に定めます。

ハーバード・ビジネススクールの教授ロバート・S・キャプランとコンサルタントのデビッド・P・ノートンによって、『ハーバード・ビジネス・レビュー』誌1992年1、2月号に掲載された論文、「業績をドライブする指標『バランス・スコアカード』」で初めて紹介されました。

バランススコアカードの特徴は、以下のとおりです。

①　企業の重要構成要因である「人材」と最終的な企業評価となる「財務」とを有機的に結びつけた戦略策定ができること。

②　戦略に対しての業績評価指標・アクションプランまでブレークダウンできること。

バランススコアカードを活用することで、企業経営に必要な項目を文章で定義し、従業員全員で内容を共有することができます。

たとえば「今期売上10億円達成！　ともかく頑張ろう！　汗をかこう！」のような精神論ではなく、具体的な企業戦略目標からアクションプランに落とし込んだマネジメントを行うことができます。特に、目標管理が不十分になりがちな中小企業にとっては、とても有効なツールといえるでしょう。

（2）　4つの視点

バランススコアカードは、**「財務」**、**「顧客」**、**「業務プロセス」**、**「学習と成長」**の4つの視点で戦略目標の策定を行います。

①　財務の視点

「株主等のステークホルダー（利害関係者）に対して、財務面においてどのような期待に応えるか」を考えていきます。

具体的には、「売上向上」「生産性向上」「コスト削減」「利益拡大」「資産の有効活用」「キャッシュフローの最大化」といった財務的内容を戦略目標とします。

②　顧客の視点

「お客様が企業に対して、どのような期待を持っているのか」という観点から、顧客の立場に立って戦略目標を策定します。

具体的には、「製品・サービスの属性」「関係性」「イメージ」といった内容に関して戦略目標を策定します。

ⅰ）「製品・サービスの属性」は、顧客に提供する製品やサービスの価格、品質、入手可能性、品揃え、機能性です。

ⅱ）「関係性」は、顧客ロイヤルティ、提携先パートナーとの関係です。

ⅲ）「イメージ」は、ブランドイメージ、企業イメージなどです。

③　業務プロセスの視点

企業が顧客の視点での目標を実現するためには、適切な業務プロセスを整備することが必要です。ここでは、そのための戦略目標を策定します。

具体的には、「業務のプロセス」「顧客管理のプロセス」「イノベーションのプロセス」、「規制と社会のプロセス」になります。

ⅰ）「業務のプロセス」は、製品やサービスを生産したり、提供したりするものです。製造業では、サプライヤーから原材料の購入／原材料を完成品へ加工／完成品を顧客に納品／リスク管理といったプロセスになります。サービス業では、顧客が利用するサービスを考え、生み出すプロセスとなります。

ⅱ）「顧客管理のプロセス」は、顧客との関係を構築して強化していくものです。ターゲットとする顧客の選定／新規顧客を開拓・提案・販売／さまざまな関連製品やサービスを販売し、顧客との関係性を強化するといった具体的プロセスとなります。

ⅲ）「イノベーションのプロセス」は、新しい製品や新サービスを生みだすものです。新製品や新サービスの販売機会の見極め／研究開発ノウハウの管理／新製品や新サービスの設計・開発／新製品や新サービスのマーケティング・市場化といったプロセスになります。

ⅳ）「規制と社会のプロセス」は、地域社会への貢献、安全衛生、環境に対するプロセスです。社会貢献や環境といった内容は、近年重要視されてきています。

④　学習と成長の視点

業務プロセスを維持・発展させるためには、企業の重要構成要因である「人材」や「組織」の活性化を図っていく必要があり、そのための戦略目標を設定します。

具体的には、「人的資本」「情報資本」「組織資本」になります。

ⅰ）「人的資本」は、従業員のスキル、能力、ノウハウ、それを実現するための訓練といった人的リソースに関係するものです。

ⅱ）「情報資本」は、企業の持つ各種情報、情報システム、データベース、ネットワーク等、情報に関するインフラを示します。

ⅲ）「組織資本」は、企業文化、組織文化、社員のモチベーション、リーダーシップ、チームワークといった組織としての能力を示します。

すなわち、形になりにくい人・情報・組織が企業を支える礎であるといえます。

図表 2-12-1　バランススコアカードのイメージ

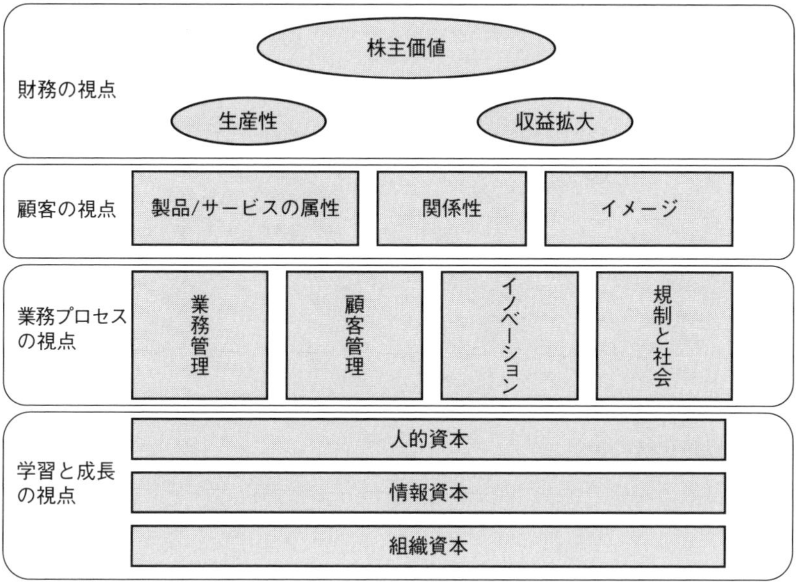

出典：ロバート・S・キャプラン、デビット・P・ノートン著『戦略マップ』(ランダムハウス講談社、2005) より引用

（3） バランススコアカードの作成

バランススコアカードの作成は、以下の４つのプロセスに従って実施します。

① 戦略目標の策定

② 重要成功要因の検討

③ 業績評価指標の設定と数値目標の決定

④ アクションプランの検討

図表 2-12-2　バランススコアカードでの項目関連

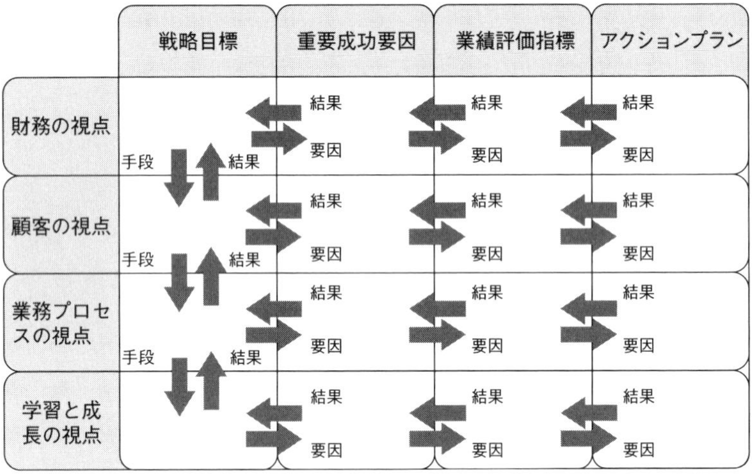

①　戦略目標の策定

戦略目標の策定では、「財務の視点」→「顧客の視点」→「業務プロセスの視点」→「学習と成長の視点」の順にブレークダウンしながら検討します。

たとえば、顧客の視点を検討する場合は、財務の視点で設定した戦略目標を実現するための戦略目標を考えます。設定した戦略目標は、上位の戦略目標と下位の戦略目標が必ず手段と結果として有機的に結びついているか確認をします。つながらない場合は、立てた戦略目標が適していない場合が多いので、再度見直します。

②　重要成功要因の検討

次に、戦略目標を実現させるための重要成功要因を決めます。検討をする際には、戦略目標を実現するための要因をできるだけ多くあげて、その中から1～2個、重要なものを選びだします。いくつかの内容をまとめられる別の言葉で言い換えることもあります。

これについても、戦略目標と重要成功要因の因果関係（要因と結果の関係）を確認します。

③ 業績評価指標の設定と数値目標の決定

前項で検討した重要成功要因をカバーする業績評価指標を設定します。この指標で目標管理を行うので、曖昧なものではなく、明確に数値化できるものにすることが重要です。数値については、短期的なものだけでなく、中長期的なものを取り入れていくとよいでしょう。

④ アクションプランの検討

最後に、戦略目標・業績評価指標・数値目標を実現するための具体的なアクションプランを策定します。戦略目標や業績評価指標が十分に議論されていれば、全体に納得感のあるアクションプランが策定できます。

いままでの検討で、上下・左右の因果関係が成り立っていれば、それぞれのアクションプランが会社の戦略と方向性が合致したものとなります。

（4） バランススコアカードの作成事例

バランススコアカードの作成事例をみていきましょう。印刷業のX社は、5色刷りの印刷機を導入しており、複雑な色の印刷を可能としている点が特徴です。最近では、小口・短納期の要望が多く、計画を再作成することがしばしばあり、印刷ラインが混乱することもあります。

社長は、印刷機導入コストを賄うためにも、売上高向上が至上命題であり、従業員には、従来にも増して「頑張れ」と発破をかけており、具体的に何をどのように管理すべきか考えあぐねている状況にあります。

そこでX社の戦略目標をバランススコアカードの4つの視点で検討します。

財務の視点は、至上命題である「売上高増加」。顧客の視点は、“売上高増加”を果たすために顧客にどのようなサービスを提供すべきかを考えます。その結果、短納期対応については、他の印刷物よりも単価を高めに設定できることから、「短納期対応率を上げる」こととしました。

業務プロセスの点では、“短納期対応率を上げる”ために、どのような業務プロセスとするべきかを考えます。その結果、「案件発生時点で計画をしていく」をあげています。

学習と成長のプロセスでは、“案件発生時点で計画をしていく”を実現させるために、人・情報・組織の観点からどのようにしたらいいのかを考えます。そして「従業員の技能向上」「生産計画の情報化」「カイゼン活動の強化」といった内容としました。カイゼン活動の強化を入れたのは、組織全体で業務改革を進めていく意識を醸成していくためです。

図表 2-12-3　X 社の戦略目標の因果関連イメージ

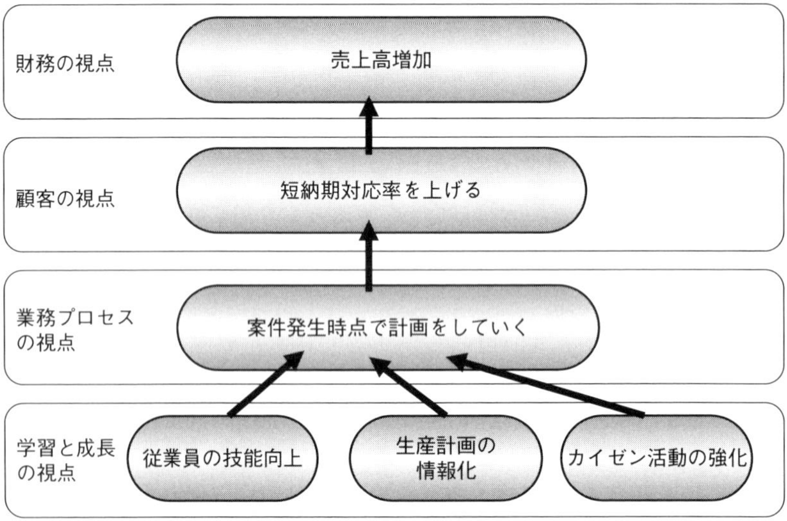

図表 2-12-4　X 社の重要成功要因・業績評価指標・アクションプランのイメージ

	戦略目標	重要成功要因	業績評価指標	アクションプラン
財務の視点	・売上高増加	・単価アップ	・対前年比 20% 増加	・短納期の単価を上げる
顧客の視点	・短納期対応率を上げる	・短納期対応数の増加	・対前年比 25% 増加	・短納期対応重視の PR を進める
業務プロセスの視点	・案件発生時点で計画をしていく	・計画変更までのリードタイム短縮	・対前年比 20% 短縮	・計画の立案方法を変更する
学習と成長の視点	・従業員の技能向上 ・生産計画の情報化 ・カイゼン活動の強化	・従業員教育 ・計画の情報化 ・カイゼン活動の継続実施	・80% の担当者が一人で操作できるようにする ・計画の 100% 情報化 ・年 2 件のカイゼン活動完了	・訓練プランを策定する ・計画ツールの導入 ・カイゼン活動のチーム化を進める

この戦略目標に対しての重要成功要因、業績評価指標、アクションプランは、図表 2-12-4 のとおりです。

コラムⅢ

PDCA／5 S

PDCA は、Plan（計 画）→Do（実 行）→Check（点 検・評 価）→Act（対策・改善）の４つの頭文字をとったもので、1950 年代、品質管理の父と呼ばれたW・エドワーズ・デミングが提唱したものです。

PDCA はもともと製造業において、生産管理・品質管理の管理業務を計画どおりに進めるためのマネジメントサイクルの１つでしたが、現在では幅広い分野で活用されています。

連続的なフィードバックを行い、スパイラル状に循環しながら成果を高めていくのがポイントで、通常、**PDCA サイクル**とも呼ばれます。

ビジネスシーンで回していく場合には、経営計画上ないし労務管理上の目標を数値化し、検証する際には、達成度合いを測定し、原因の検討と今後の対策を総括していくことが重要です。

「整理（せいり）」・「整頓（せいとん）」・「清掃（せいそう）」・「清潔（せいけつ）」・「躾（しつけ）」を業務改善の**5 S**といいます。

語呂合わせのよいところから俗っぽいものに思われがちですが、人間の片手に収まる数なので覚えやすく、徹底できるので、生産現場、事務所内外を問わず、やり方によってはかなりの効果を上げることができます。

事実、トヨタ自動車をはじめ多くの企業で、５S によって職場環境改善による業績面での成果を上げています。

整理―不要なものは処分、決められた場所に整える
整頓―正しく並べ、正位置管理、必要なものはすぐに取り出せるように
清掃―働く場所に感謝し、常にその場を清める
清潔―さわやかな空気が感じられる職場づくりと身だしなみを整える
躾　―礼儀作法を身につけ、丁寧な顧客対応を実践する

第3章

財務コンサルティングの主要分析手法と実例

●決算書は経営の総合評価

「販売なければ事業なし」「財務を制する者は企業を制す」

いずれも企業経営の要諦を表す名言といえるでしょう。

財務体質のよい会社でも、販売の不振が続けば赤字に転落することになります。逆に、販売が好調で、利益を上げている企業であっても、資金繰りに窮すれば倒産という憂き目に遭います。また、赤字でも、資金がある限り会社は倒産しません。

「決算書上の利益」という概念は、あくまでも机上の数字といえるでしょう。そして、決算書は過去のデータにすぎないということも事実です。しかし、決算書は１年間の経営の結果であり、経営者の通信簿といえるものです。

これまでの経営に対する分析・評価なくして、未来のあり方を考えるのは、いま乗っている船の航行能力・装備をかえりみないで、海図を持たずに航海に乗り出すようなものです。意気込みやKKD（勘と経験と度胸）だけでは永続的な企業経営はできません。

ゴーイングコンサーン（＝継続企業）として発展存続していくためには、過去の状況をしっかりと把握し、今後の経済社会の動向を見通したうえで経営計画を立て、実行し、そして数値目標とその実績を検証し、原因を明らかにしながら次の経営計画に活かしていくこと。これは、経営の基本であり、とても大切なことです。

PLAN（計画）―DO（実行）―CHECK（評価）―ACT（改善）の**PDCAサイクル**は、生産管理や品質管理にだけ必要とされるものではなく、財務管理にも有効です。

企業の１年間の活動成果を測定し、その結果としての期末時点における財産状態を示す決算書の分析は、経営の客観的・総合的な評価を行ううえで極めて重要です。企業にとって、外部からの財務診断を受け入れる意義は、ここにあるといえるでしょう。

●財務分析をいかに行うか

“決算書が読めるようになる本”といった類の書籍は数多く存在します。類書が次々と出版されるということは、1冊や2冊読んだだけでは理解できないということなのでしょう。

経済産業大臣認定の中小企業診断士試験に合格し、経営診断の実習や、その後の資格更新の要件とされる経営診断実務に従事する場合は、チームを組んで経営診断を行います。その際、財務分析は、金融機関経験者や企業の経理部門経験者が担当することが多くあります。また、大手コンサルティング・ファームでは、公認会計士や税理士の有資格者が主担当としてあたっているようです。

本章のねらいは、「初級経営コンサルタント（=ある程度簿記会計の知識はあるが決算書の分析の要領がわからない方、あるいは財務分析を効率的に進めたい方）を対象に、決算書から顧客企業の経営状態を知るうえでのポイントをわかりやすく示す」ことにあります。

したがって、難解な分析や総論的な解説、実践であまり活用しにくいと思われる手法は大幅にカットし、ざっくりとした決算書分析の仕方を知ってもらうことに内容を絞り込んでいます。そのため会計上、厳密性に欠ける表現のある点はご容赦いただきたいと思います。決算書の読破で大切なのは、特殊な項目、細部の分析ではなく、基本事項を確実に押さえ、理解し、経営の状況を相対的な比較も含めて把握すること、そしてそれを経営改善に活かすことです。本章を通じて、「実践的な財務分析の仕方」を感覚的につかんでいただければと思っています。

●財務分析のフロー

クライアント企業に対してインタビューやヒアリングを実施する以前に、各種の資料を取り揃えることになりますが、その場合、企業側に提出を依頼する**一次データ**は、おおむね**図表 3-0-1** のとおりです。

図表3-0-1　企業に提出を依頼する一次データ

（1）	過去3期の「法人税申告書」「決算書（控え）」、「付属明細書」のコピー（税務署の受付印があるもの）
（2）	株主構成
（3）	組織図
（4）	社員名簿
（5）	就業規則（あれば退職金規程）
（6）	賃金規程・給与規程
（7）	給与台帳
（8）	過去3年間の売上・仕入動向（月別）
（9）	主要品目別売上構成
（10）	大口仕入先明細と仕入条件
（11）	中長期計画（あれば社是、経営方針）
（12）	事務所、工場の見取図

市場調査コンサルティング、組織活力サーベイコンサルティングといった一部門に特化したコンサルティングで、財務分析を特に必要としない場合以外は、過去3期の「貸借対照表」「損益計算書」は必須といえます。

財務分析の一連の流れは、**図表3-0-2**のとおりです。決算書入手の前に、通常、業界の概要を把握しておく必要があります。

上場企業の有価証券報告書は、EDINETというホームページから閲覧できます。EDINETは「金融商品取引法に基づく有価証券報告書等の開示書類に関する電子開示システム」のことで、金融庁が行っているサービスです。

EDINET　http://disclosure.edinet-fsa.go.jp

非上場企業の場合は、有価証券報告書は原則として作成していません。そのため、有料になりますが、帝国データバンクや東京商工リサーチ等の信用調査会社から決算書や会社の沿革、金融機関の取引ぶり等の情報を入手することができます。

業界の概要把握には、『業種別審査事典』（金融財政事情研究会、全10巻令和2年　第14次）をお奨めします。農林水産業からサービス産業まで、

図表 3-0-2　財務分析のフロー

1　業界の概要把握
↓
2　3期の決算関係書類入手
↓
3　比較貸借対照表、比較損益計算書の作成
↓
4　前期、前々期との増減把握
↓
5　ヒアリング
↓
6　主要財務比率分析
↓
7　キャッシュフロー分析
↓
8　損益分岐点分析
↓
9　総合評価
↓
10　レーダーチャート作成

全産業の中堅・中小企業の各業種を中心に、業界の基礎知識、業界の動向、業務内容・特色、関連法規制等をまとめたものです。金融機関の融資審査部門の担当者が参考にする資料であり、企業の財務分析の際に役に立ちます。比較的大きな図書館に行けば閲覧することができます。

3期の決算書関係書類を入手したら、早速、3期分のデータを並べて「比較貸借対照表」と「比較損益計算書」を作成します。多少面倒ですが、この作業をしておけば、あとで述べる財務比率分析がやりやすくなります。

決算書の数字を比較する方法には、大きく分けて**時系列分析**と**競合他社分析**があり、この2つが基本となります。

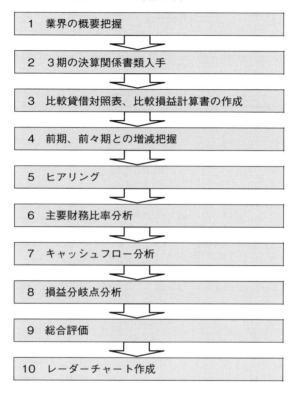

図表3-0-3　比較貸借対照表・比較損益計算書のイメージ

比較貸借対照表

（単位：千円）

	前々期	前期	当期		前々期	前期	当期
（資産の部）				**（負債の部）**			
Ⅰ流動資産				**Ⅰ流動負債**			
現金預金	○○	○○	○○	支払手形	○○	○○	○○
受取手形	○○	○○	○○	買掛金	○○	○○	○○
売掛金				短期借入金			
有価証券				未払金			
製品商品				未払法人税等			
短期貸付金				賞与引当金			
前払費用				その他			
その他							
貸倒引当金	△　○	△　○	△　○	流動負債合計	○○○	○○○	○○○
				Ⅱ固定負債			
流動資産合計	○○○	○○○	○○○	社債	○○	○○	○○
Ⅱ固定資産				長期借入金	○○	○○	○○
（有形固定資産）				退職給付引当金			
建物	○○	○○	○○	その他			
構築物	○○	○○	○○				
機械装置				固定負債合計	○○○	○○○	○○○
工具器具備品				**負債合計**	○○○	○○○	○○○
土地				**（純資産の部）**			
建設仮勘定				**Ⅰ株主資本**			
				資本金	○○	○○	○○
（無形固定資産）				資本剰余金	○○	○○	○○
ソフトウェア	○○	○○	○○	資本準備金			
				利益剰余金	○○	○○	○○
（投資その他）				利益準備金			
投資有価証券	○○	○○	○○	繰越利益剰余金	○	○	○
出資金				自己株式	△　○	△　○	△　○
長期貸付金				株主資本合計	○○○	○○○	○○○
貸倒引当金	△　○	△　○	△　○	**Ⅱ評価・換算差額**	○	○	○
固定資産合計	○○○	○○○	○○○	**Ⅲ新株予約権**	○	○	○
Ⅲ繰延資産	○	○	○				
				純資産合計	○○○	○○○	○○○
資産合計	○○○○	○○○○	○○○○	**負債・純資産合計**	○○○○	○○○○	○○○○

比較損益計算書

（単位：千円）

	前々期	前期	当期
売上高	○○○○	○○○○	○○○○
売上原価 期首棚卸高 仕入高 期末棚卸高	○○○	○○○	○○○
売上原価合計	○○○○	○○○○	○○○○
売上総利益	○○○○	○○○○	○○○○
販売費及び一般管理費 人件費 地代家賃 水道光熱費 販売手数料 広告宣伝費 交際費 減価償却費 従業員教育費 租税公課 その他	○○	○○	○○
販売費及び一般管理費合計	○○○	○○○	○○○
営業損益	○○○	○○○	○○○
営業外収益 受取利息 受取手数料 雑収入	○○	○○	○○
営業外収益合計	○○	○○	○○
営業外費用 支払利息・割引料 雑損失	○○	○○	○○
営業外費用合計	○○	○○	○○
経常損益	○○	○○	○○
特別利益 固定資産売却益	○○	○○	○○
特別利益合計	○○	○○	○○
特別損失 固定資産売却損	○○	○○	○○
特別損失合計	○○	○○	○○
税引前当期純利益	○○	○○	○○
法人税、住民税及び事業税	○○	○○	○○
法人税等調整額			
当期純利益	○○	○○	○○

①　時系列分析

決算書を時系列でみていく方法です。**前期、前々期との増減比較**、推移をみます。作成した比較損益計算書から売上高、営業利益、当期純利益といった主要項目の数字をみながら、「売上高は前期と比べてどうか？」、「なぜ、この期には利益が激減しているのか？」、あるいは、比較貸借対照表から「在庫が増加傾向にある」といった状況をつかみ、分析していきます。

②　競合他社分析

ライバル会社と比較することによって、当該企業の収益性や財務の健全性、経営状況が相対的にはっきりみえてきます。比較的規模の大きい中堅企業の場合、比較する企業には、最近上場したばかりの同業他社を対象とするとよ

図表 3-0-4　財務分析レーダーチャート（例）

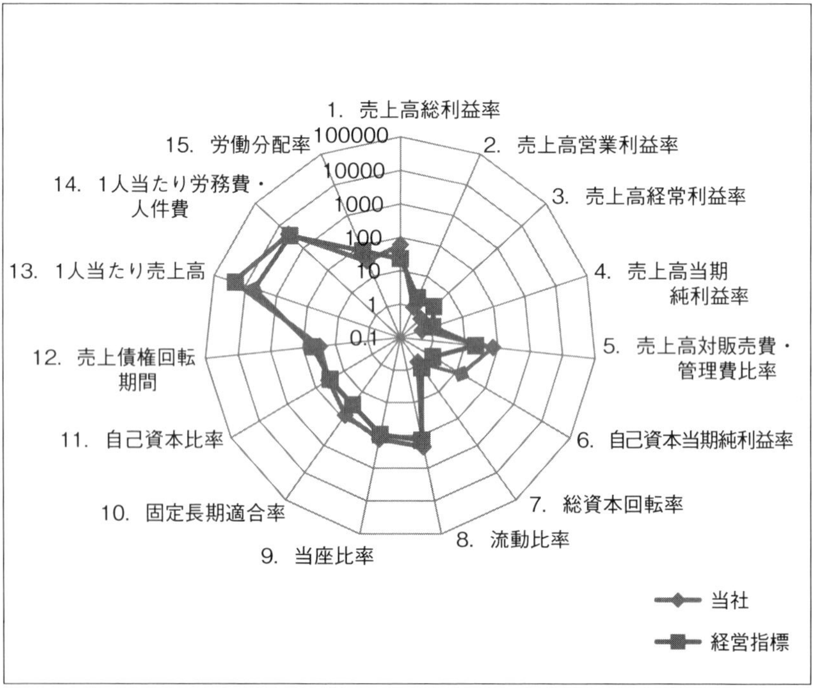

いでしょう。その場合には、先述のEDINETを活用します。

中小企業の場合には、同業他社のデータは入手しにくいので、通常、同規模同業種の直近の平均決算データを用いて比較を行います。**『中小企業実態基本調査に基づく中小企業の財務指標』（同友館）や『TKC経営指標』（要約版）**（http://www.tkc.jp/tkcnf/bast）等を参考にします。

分析を進める中で、疑問点をまとめて企業側にヒアリングすることも大切です。そして、財務比率分析・キャッシュフロー分析・損益分岐点売上高分析等の一連の分析を行い、総合的な評価を行います。できれば、主要指標を比較した「レーダーチャート」まで作成したいものです。

①　財務比率分析

1.　主要決算書分析指標 20

比較貸借対照表、比較損益計算書を作成したあとは、いよいよ財務分析に移ります。

財務比率分析では、一般に50を超える経営指標や原価指標がありますが、本節では、そのうち「貸借対照表」と「損益計算書」の財務2表だけで分析が可能であり、しかも同業種平均のデータが入手しやすく、財務分析上重要と思われる約20の決算書分析指標に絞って解説することにします。

経営分析のフレームワークと同様、モレやダブリのないように、収益性・安全性・生産性・債務の返済力をみる観点から選んだものです（**図表3-1-1**参照）。これで万全というわけではありませんが、企業の数字の目のつけどころや勘どころがわかり、図表3-1-2の「**決算書分析のフォーマット**」および図表3-1-3の「**主要決算書分析指標の解説**」を作成し、提示することで効

図表3-1-1　主要決算書分析指標

分析の視点	主要決算書分析指標 20
収益性	売上高総利益率・売上高営業利益率・売上高経常利益率 売上高当期純利益率・売上高対販売管理費率 自己資本当期純利益率・総資本回転率
	売上債権回転期間・棚卸資産回転期間・買入債務回転期間
安全性	流動比率・当座比率・固定長期適合率・自己資本比率
生産性	1人当たり売上高・1人当たり労務費人件費・労働分配率
返済力	有利子負債・ギアリング比率・債務償還年数

図表 3-1-2 決算書分析のフォーマット（例）

主要決算書分析指標

（%）

	前々期	前期	当期	財務指標	TKC 経営指標
売上高総利益率	○○	○○	○○	25.2	
売上高営業利益率	○	○	○	2.1	
売上高経常利益率	○	○	○	2.6	
売上高当期純利益率	○	○	○	1.3	
売上高対販売費・管理費比率	○○	○○	○○	23.1	
自己資本当期純利益率	○	○	○	4.9	
総資本回転率（回）	○	○	○	1.1	
流動比率	○○○	○○○	○○○	142.7	
当座比率	○○	○○	○○	96.0	
固定長期適合率	○○	○○	○○	74.6	
自己資本比率	○○	○○	○○	29.1	
売上債権回転期間（日）	○○	○○	○○	50.1	—
棚卸資産回転期間（日）	○	○	○	27.2	—
買入債務回転期間（日）	○○	○○	○○	44.5	—
1人当たり売上高（千円）	○○	○○	○○	17,625	
1人当たり労務費・人件費(千円)	○○	○○	○○	3,245	
労働分配率	○○	○○	○○	71.8	
有利子負債（千円）	○○○○	○○○○	○○○○	—	—
ギアリング比率	○○	○○	○○	—	84.4
債務償還年数（年）	○	○	○	—	1.4

（注）回転日数には、割引・裏書譲渡手形を含まない。
比較データは、次のとおり。
『中小企業実態基本調査に基づく中小企業の財務指標（H 27 年調査）全産業平均』、『令和 2 年版 TKC 経営指標（要約版）各種商品小売業』

図表 3-1-3　主要決算書分析指標の解説

【比率算定にあたって×100 は省略している】

売上高総利益率＝売上総利益÷売上高 売上高営業利益率＝営業利益÷売上高 売上高経常利益率＝経常利益÷売上高 売上高当期純利益率＝当期純利益÷売上高 売上高対販売費・管理費比率 　＝販売費・一般管理費÷売上高 自己資本当期純利益率 　＝当期純利益÷総資本（総資産） 総資本回転率＝売上高÷総資本	売上総利益は、売上高から売上原価を引いたもの 卸売業や小売業では、粗（荒）利益と呼ばれる 売上高当期純利益率×総資本回転率に分解される 全産業平均で、4.9% 程度 資金の調達コストより､高い利益率を出す必要がある 全産業平均で、1.1 回程度 一般的には高いほどよい
流動比率＝流動資産÷流動負債 当座比率＝当座資産÷流動負債 固定長期適合率 　＝固定資産÷(自己資本＋固定負債) 自己資本比率＝自己資本(純資産)÷総資本	一般的には 120% 以上が安全だが、業種によって異なる 一般的には 90% 以上が安全だが、業種によって異なる 自己資本と固定負債によって固定資産がどの程度賄われているかを示す 100% 以下が望ましく、低ければ低いほど健全 30% 以上が、一つの目安 設備などの固定資産を多く必要とする業種で 20% 以上が安全 棚卸資産などの流動資産が多い業種では 15% 以上が安全
売上債権回転期間 　＝(受取手形＋売掛金)÷売上高×365 日 棚卸資産回転期間 　＝棚卸資産÷売上高×365 日 買入債務回転期間 　＝(支払手形＋買掛金)÷売上高×365 日	売上債権の回収に何日必要とするかを示す 棚卸資産の平均的な在庫期間を示す 買入債務を支払うのに、何日分の売上高が必要かを示す
1 人当たり売上高（千円） 　＝年間売上高÷従業者数 1 人当たり労務費・人件費（千円） 　＝(労務費＋人件費＋従業員教育費) 　　÷従業者数 労働分配率 　＝(労務費＋人件費)÷付加価値額	付加価値額に占める人件費の割合 付加価値額＝労務費＋減価償却費(以上､売上原価) 　＋人件費＋地代家賃＋減価償却費＋ 　＋従業員教育費＋租税公課（以上、販売管理費） 　＋支払利息・割引料＋経常利益
有利子負債＝長短借入金＋社債 ギアリング比率＝有利子負債÷自己資本 債務償還年数 　＝有利子負債÷(営業利益＋減価償却費)	 自己資本に対する有利子負債の比率をみる指標 償却前営業利益（＝営業利益＋減価償却費）で、有利子負債を返済するのに何年かかるかをみる指標

率的な財務分析が可能となり、プレゼンテーションにも威力を発揮します。

2. 収益性分析

一般的には、貸借対照表をみるより、損益計算書をみるほうが入りやすいので、収益性の分析から始めます。

収益性をみる場合には、まず、「売上高」および「利益」が前年に比べて伸びているかどうかをみます。作成した「比較損益計算書」の右側の余白に、↗↘というように矢印で増減をつけていくとわかりやすいでしょう。

まず、売上高が伸びているかどうかです。利益も、売上高と同様の伸びを示しているかどうかをみます。

損益計算書では、**5つの利益（売上総利益・営業利益・経常利益・税引前当期純利益・当期純利益）**をみるようにします。

図表 3-1-4　損益計算書の構成

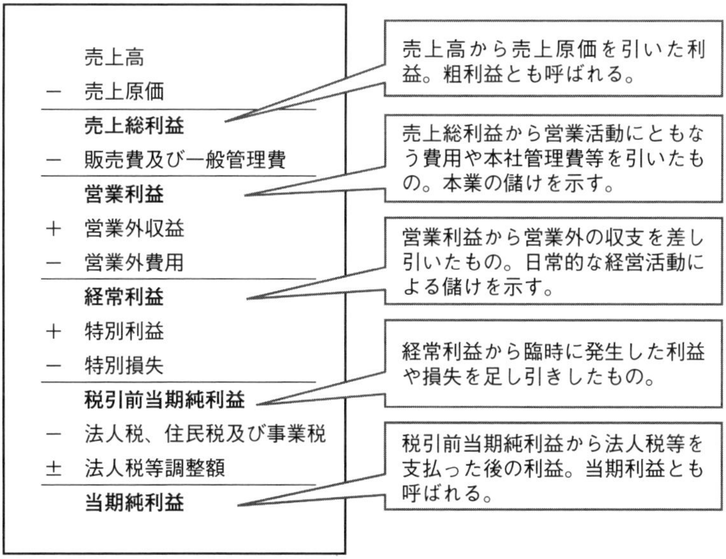
売上高
－ 売上原価
売上総利益
－ 販売費及び一般管理費
営業利益
＋ 営業外収益
－ 営業外費用
経常利益
＋ 特別利益
－ 特別損失
税引前当期純利益
－ 法人税、住民税及び事業税
± 法人税等調整額
当期純利益
売上高から売上原価を引いた利益。粗利益とも呼ばれる。
売上総利益から営業活動にともなう費用や本社管理費等を引いたもの。本業の儲けを示す。
営業利益から営業外の収支を差し引いたもの。日常的な経営活動による儲けを示す。
経常利益から臨時に発生した利益や損失を足し引きしたもの。
税引前当期純利益から法人税等を支払った後の利益。当期利益とも呼ばれる。

（１）　売上高総利益率

$$売上高総利益率 = \frac{売上総利益}{売上高} \times 100\ (\%)$$

分子の**売上総利益**は、**売上高**から**売上原価**（製造業の場合は製造原価、卸・小売業の場合は商品仕入原価）を差し引いたもの（粗利益、マージン）です。

［売上高］－［売上原価］＝［売上総利益］

売上総利益を売上高で割った比率を「**売上高総利益率**」といいます。損益計算書での重要チェックポイントは、この売上高総利益率が業界平均と比べてどうか、あるいは前年と比べてどうかを調べることです。

実務上は**粗利益率**と呼ばれることが多いのですが、この粗利益率の一般水準はどうでしょうか。もちろん、この数値は業種によって異なりますが、概算で、製造業で21％、卸売業で16％、小売業で28％といったところです（『中小企業実態基本調査に基づく中小企業の財務指標』による。以下同様）。

売上総利益から販売管理費や営業外損益、税金等が賄われます。売上総利益は営業利益や経常利益の源泉であり、各利益のおおもとになるものといえます。

実際に売上総利益を求める際、売上高は、売上伝票等を集計すればよいのですが、売上原価はどうやって把握するのでしょうか。

実務上は、決算日に商品の棚卸し（在庫調査）を行って、売上原価を計算します。期首在庫に当期仕入高を加え、期末在庫を差し引いた金額が、売上原価となるのです。

［売上原価］＝［期首商品棚卸高］＋［当期商品仕入高］－［期末商品棚卸高］

製造業の場合は、自社で製作するため**商品**ではなく**製品**といいますが、期首製品棚卸高に当期製品製造原価を加え、期末製品棚卸高を差し引いて、売上原価を求めることになります。

また、売上原価率＝100％－売上総利益率　と表示できます。

利益を確保するためには、売上原価をコントロールすることが重要です。売上高総利益率向上の基本は、売価アップと原価ダウンです。

実務上の改善策としては、①大量生産や一括仕入による製造コスト（仕入原価）の引き下げ、②粗利益率の高い製品（商品）の積極販売、③値引き率の抑制、④仕入から売上までの期間を短縮化し、商品の陳腐化や劣化、破損を防止する、といった方策があげられます。

売上原価について、もう１つ大切な要素があります。それは、損益計算書上の売上原価は実際の製造原価とは異なるということです。製造したものすべてが、その年の売上原価になるわけではないのです。作ったもののうち、当年度に売れた分だけが売上原価となります。

作ったもの、仕入れたものは、いったん貸借対照表の「**棚卸資産（＝在庫）**」になり、そのうち売れた分だけが売上原価となるのです。

製造業などでは、**全部原価計算**の考え方をとっているため、たくさん作って売上原価が低くなったために、表面的には損益計算書上の利益が出ているが、実は大量の在庫を抱えているということもあり得るのです。

卸売業や小売業の場合には、仕入数量に対するリベートがある場合があり、まとまった分量で仕入れてしまい、売れ残ることがあります。粉飾とまではいかなくとも、売れない在庫を抱えている可能性は大いにあります。

したがって、財務分析の際には、「棚卸資産」の動向に留意します。在庫の増加は**キャッシュフロー**の悪化を招きますから、**キャッシュフロー計算書**を作成すればわかるのですが、比較損益計算書の期間推移をみるとき、在庫量が売上高の伸びに比べて大きい場合には特に注意が必要です。売上高の増減をみたら、必ず在庫の増減動向もみるようにします。

（2）　売上高営業利益率

$$売上高営業利益率=\frac{営業利益}{売上高}\times 100\ (\%)$$

（売上高営業利益率）＝（売上高総利益率）－（販売費・管理費率）

売上高営業利益率を高めるためには、売上高総利益率を高めるか、販売費・管理費率を抑える改善策が必要になります。

（3）　売上高経常利益率

$$売上高経常利益率=\frac{経常利益}{売上高}\times 100\ (\%)$$

経常利益は、損益計算書の分析の中では非常に重視される利益の１つです。営業利益に**営業外収益**を加え、**営業外費用**を差し引いたものが経常利益（マイナスの場合、経常損失）です。

営業利益に、受取利息、配当金、支払利息などの財務活動による営業外損益を加減算したものです。経常利益は、「経常（＝ケイツネ）」といわれるように、会社の日常時の経営活動を総括した結果、計上した利益といえます。売上高経常利益率は、資金調達の巧拙も含めた企業の経常的な採算性を表す指標です。営業外収益および営業外費用の動向、水準に注意します。

（4）　売上高当期純利益率

$$売上高当期純利益率=\frac{当期純利益}{売上高}\times 100\ (\%)$$

当期純利益は、経常利益に資産売却損益、為替評価損益などの特別損益、法人税などを加減算したものです（自己資本当期純利益率の項を参照）。

前期に比べて大きく変動していないか、そもそも業界平均値と比べてどうかをみます。売上高と無関係の特別損益を含んだ当期純利益の対売上高比較にあまり意味はないかもしれませんが、5つの利益を並べて、業界水準と比較し、異常値がないか検証するところに意義があります。

（5） 売上高対販売費・一般管理費比率

$$売上高対販管費率＝\frac{販売費・一般管理費}{売上高}×100（\%）$$

売上を上げるための費用、具体的には、営業担当者の給料、広告宣伝費、商品配送のための運賃、諸費用を「販売費」と呼びます。これに対して、役員や事務職員の人件費や賃借料、各種の税金（租税公課）など、企業の管理面から発生する費用は「一般管理費」です。この2つを一緒にして、**「販売費及び一般管理費」（販管費）**といいます。日常、「営業経費」といわれるものです。

総資本経常利益率（総合収益性）の高い企業の売上高対販管費率は、総資本経常利益率の低い企業の販管費率を下回るのが一般的です。企業にとっては、生産部門における経費削減同様、販売費・一般管理費の節減は不可欠といえます。

比較損益計算書を作成する際には、「販売費及び一般管理費」の内訳のうち、**給与手当、法定福利費、福利厚生費、減価償却費、賃借料、租税公課、広告宣伝費等**、人件費・家賃・税金に関する勘定科目の主なものを抜き出しておくとよいでしょう。経営状況を把握するうえで必須のものであり、財務比率分析で使うことになるからです。その他の勘定科目でも、実額の大きいものは当該企業の特徴点であり、抜き出しておき、推移を調べます。

（6）　自己資本当期純利益率（ROE : Return On Equity）

$$自己資本当期純利益率＝\frac{当期純利益}{自己資本（純資産）}×100（\%）$$

当期純利益は最終的な利益であり、企業の最終的な収益力を示します。その利益と株主持分のとの関係を見る指標です。当期純利益は、内部留保（準備金、積立金）と株主への配当に充てられます。したがって、この指標は特に株主への利益還元の観点から重要視されます。

経常利益に特別利益を加え、特別損失を差し引いた結果が「税引前当期純利益」です。税引前当期純利益から**「法人税、法人住民税及び事業税」（＝法人税等）**を差し引いたものが、**当期純利益**です。

販売費及び一般管理費にも**「租税公課」**という勘定科目があります。固定資産税、都市計画税、自動車税、事業所税などですが、これらは、利益に課される税金ではありません。利益に課せられる税金としては国税としての法人税、地方税としては、住民税と事業税です。

税金の計算は、損益計算書の税引前当期純利益そのものを基準として計算されるわけではありません。税法に定められた調整を行ったうえで、税金の計算のもとなる課税所得額を計算のうえ、算出されます。

たとえば、交際費の支出額があれば、中小企業では、一部の金額が税務上の経費（損金）とは認められません。

会計上の収益と費用の認識時期と、税法上の益金（収益）・損金（費用）の認識時期には差異があるため、この差異を調整して、会計上、税金を修正したものが**法人税等調整額**です。

したがって、税引前当期純利益に法人税等および法人税等調整額を加減算した結果が、当期純利益となります。税引後当期純利益と呼ぶべきところですが、正式には「当期純利益」です。

当期純利益が営業利益や経常利益と大きく違う点は、当年度の一過性の損益を含んでいることです。特別利益の計上で利益を捻出していないか、その内容は何か。そして、特別損失の計上があれば、その内容は何か、金額はいくらか、それは今年度限りのものか、今後の経営に及ぼす影響はどの程度か。これらは実際に企業側にヒヤリングをしないとわかりません。

さらに、法人税等の引当は、妥当かどうかをみます。法人税等の**実効税率**（＝事業税が損金算入されること等を考慮した実質的な税金負担率）は、課税所得の**約37%**とされています。前述したように、法人税率を計算するための課税所得は、会計上の税引前当期純利益ではありません。税引前当期純利益と法人税の課税所得が一致するならば、会計上の実質的な税率（＝**実効税率**）は、税引前当期利益の約37%と表示されることになります。実際には会計上の利益と法人税での課税所得には差異があるので、税引前当期純利益の約37%と法人税等の実額は一致しませんが、法人税等の金額の目安として覚えておきます。

なお、資本金１億円以下の普通法人における実効税率の概要は、**図表3-1-5**のとおりですが、法人所得の小さな企業は、実効税率が30%に満たないことがあります。赤字法人については、住民税の均等割（最小法人で７万円）のみ支払うことになります。

法人税の支払いは、決算期終了の日の翌日から原則として２ヵ月以内に行われます。実際の支払いは次の期なので、貸借対照表では流動負債に計上されます。**未払法人税等**とは、法人税および住民税の未納額をいい、他の未払税金とは区別して表示されています。中間で納付した予定納税額を控除した金額が、申告時に支払う税金合計になります。

図表3-1-5　法人実効税率

	H29年度	H30年度	R1年度
法人実効税率	37.04%	37.04%	36.81%

（資本金１億円以下の外形標準課税不適用法人の場合）

ROE は、上場企業において**自己資本利益率**として重要視されている指標です。ROE を上げるには利益を増やすか自己資本を減らします。自己資本を削って効率性を高めることを**財務レバレッジ**を効かせるといいます。

$$自己資本当期純利益率=売上高当期純利益率\times総資本回転率\times財務レバレッジ$$

$$\frac{当期純利益}{自己資本} \quad \frac{当期純利益}{売上高} \quad \frac{売上高}{総資本} \quad \frac{総資本}{自己資本}$$

中小企業では、ROE の水準は平均４～５％です。上場企業の ROE が８～９％ですから、半分程度の収益力といえます。中小企業では、株主が経営者であることが多く、今後 ROE を意識した経営が浸透してくるものと思われますが、高 ROE 企業の中には財務体質が悪い企業もありますので、自己資本比率と合わせて分析するようにします。なお、株主配当金が当期純利益に占める割合を「**配当性向**」といいます。上場企業では、この配当性向が30～40％の企業が多いということは覚えておくとよいでしょう。

（７）　総資本回転率

$$総資本回転率=\frac{売上高}{総資本（総資産）}（回）$$

資産の合計は「**総資産**」。総資本も総資産も同じことなのですが、一般的には、売上高と総資本（総資産）の割合を「総資本回転率」といいます。

投下した総資本（総資産）が、どの程度の効率で売上高を得ることができたかを示します。回転率という用語はなじみにくいのですが、効率を示します。この数値が高いほど資本効率がよいということです。

資本効率を高めるためには、分子の売上高を大きくするか、分母の資産をやたらに大きくしないことです。あるいは、総資本の伸びを上回る売上高の増大があればよいということになります。

業種や業態によって総資本回転率は違ってきます。大企業や中小製造業では、年1〜2回転、中小の小売業では、1.5〜2.5回転程度が標準です。また、製造業は低く、流通業は比較的高くなります。

3. 安全性分析

会社の財務諸表をみて、その会社の状況を把握する場合、最優先にすべきことは、短期的に倒産する懸念がないかどうかのチェックです。したがって、本来、安全性→収益性→生産性→成長性、の順に分析するのが一般的といえます。

本書では、損益計算書の5つの利益水準の分析から始めましたが、安全性を軽視しているのではなく、損益計算書の分析からのほうが入りやすいことと、プレゼンテーション時も収益性分析からのほうがわかりやすいからです。

安全性の分析は、主として貸借対照表を中心に進めることになりますが、収益性分析の範疇に属する**回転期間分析（売上債権回転期間・棚卸資産回転期間・買入債務回転期間**の3指標）は、自己資本比率の分析のあとに掲載しています。

貸借対照表は、左右に分かれています。左側（＝借方）が**「資産の部」**で、右側（＝貸方）が**「負債の部」**と**「純資産の部」**です。

資産は会社の財産を表します。その財産を「現金及び預金」「建物及び構築物」「土地」といった勘定科目に分類して、原則として取得時の値段で記載しています。貸借対照表の勘定科目は、**流動性配列法**といって、換金性の高いものから順に記載されています。**「流動資産」「固定資産」「繰延資産」**、これが貸借対照表の左側です。

一方で、資産を運用するには資金の調達が必要ですが、貸借対照表の右側は、**「負債」**と**「純資産」**とに分けて表記されます。負債の部は、**「流動負債」**と**「固定負債」**に分かれます。また、「純資産」の部は、以前は「資本」

の部と呼ばれていました。通常、連結決算でなければ、「純資産の部」は、**「株主資本」「評価・換算差額等」「新株予約権」**の3つになります。

収益と費用との差額としての利益は貸借対照表の調達側に記載され、この利益は、純資産の部の**株主資本**の**利益剰余金**になります。

貸借対照表は、左側（＝資産合計）と右側（＝負債・純資産合計）が必ず一致し、ご承知のとおり「**バランスシート**」と呼ばれています。

図表3-1-6　貸借対照表と損益計算書の関連イメージ

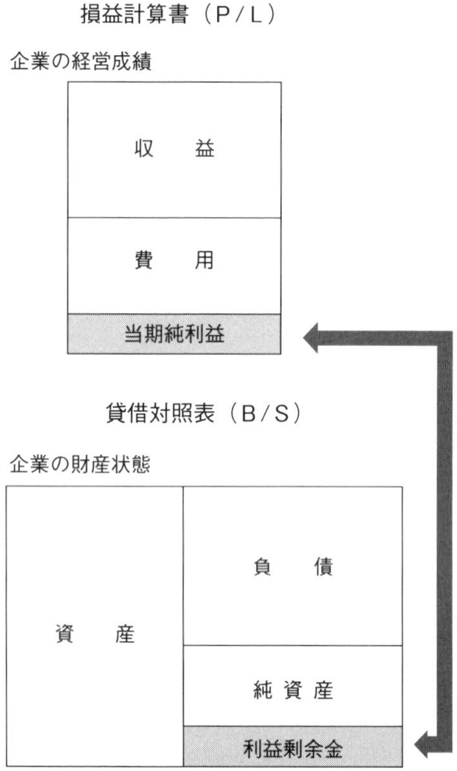

P/Lの当期純利益は、B/Sの利益剰余金と一致する

（1） 流動比率

$$流動比率＝\frac{流動資産}{流動負債}\times 100（\%）$$

流動比率は、1年以内に返済義務のある借入金等の流動負債に対して、短期に資金化しやすい現金・預金や有価証券、棚卸資産などの流動資産をどの程度保有しているかをみる指標です。

流動負債の返済が不能となると、企業の倒産の可能性が高まります。手形の決済や借入金の返済は、銀行が取引相手になります。期日に定められた金額を手形決済できないことが2度起こると「銀行取引停止」となり、事実上の倒産ということになります。

一般的には、流動比率が120％以上あれば当面の資金繰りには困らないとされています。比率の適正水準は業種・業態によって異なります。いわゆる日銭が入る業種、たとえばスーパーや飲食店などは60％程度でも十分資金が回る場合があります。中小企業の平均は、140％です。

（2） 当座比率

$$当座比率＝\frac{当座資産}{流動負債}\times 100（\%）$$

当座資産＝現金・預金＋受取手形＋売掛金＋有価証券＋（△貸倒引当金）

当座資産は、流動資産のうち、いざというときに現金化しやすい資産のことです。流動資産の中から、すぐには現金化しにくい**棚卸資産（「製品在庫」「仕掛品」「原材料在庫」等）**を除いたものです。いざというときの安全性をみるには、当座資産を使った当座比率をみるほうが有効です。一般的には、90％以上あれば短期的な安全性（支払能力）には問題ないといわれています。流動比率同様、業種・業態、その他の財務比率や個別企業の資金繰りの特性等を考慮して判断する指標です。

なお、同業他社との比較になじまないため、主要財務指標としては取り上げていませんが、個別企業の当面の資金繰りをみるのに最も適した指標としては**手元流動性**（手元流動性比率）があります。

$$手元流動性＝\frac{現金・預金＋すぐに売れる資産（有価証券等）}{月商（年間売上高÷12）}（月）$$

厳密には、すぐに借りることのできる「借入金与信枠」も分子に加えて算出しますが、簡便的な方法として上記の式を使います。手元にあってすぐに使えるお金が、月間平均売上高の何ヵ月分あるのかを示すものです。

手元流動性の目安は、大企業で１ヵ月分、中小企業で1.5～1.7ヵ月分あれば安全とされています。２ヵ月分以上あるかどうかをみます。

（3）　固定長期適合率

$$固定長期適合率＝\frac{固定資産}{自己資本＋固定負債}×100（\%）$$

機械・装置や建物などの固定資産は、企業経営の安定性からみて、本来自己資本（純資産）によって調達するのが望ましく、短期の借入金で調達するのは適切とはいえません。固定資産が自己資本の範囲で賄われているかを示す指標としては、**固定比率（＝固定資産／自己資本×100%）**があります。

固定比率が低い会社はそう多くはないので、固定長期適合率を使います。仮に、固定資産が自己資本ですべて賄えない場合でも、自己資本と長期にわたって返済する固定負債で賄われていればよしと判断するわけです。

この指標は100%以下が望ましく、低ければ低いほど財務バランス上は健全といえます。100%を超えている場合は、固定資産を短期借入金に依存していることを示します。金融機関が設備資金等の融資に際して重視する指標の1つです。

固定長期適合率の改善方策は、固定資産投資を抑制するのではなく、設備投資の適正化を図ることです。すなわち、遊休資産や性能の低下した機械装備を可能な限り適切に処分し、関係会社株式保有の際には、今後も保有しつづけることの是非を再検討し、処分を進めます。さらに、固定資産の総額と調達コストをにらみつつ、短期借入金から長期借入金へシフトするなど、借入金の長短比率を是正し、安全性を高める手立てを考えます。

（4） 自己資本比率

$$自己資本比率＝\frac{自己資本（純資産）}{総資本}\times 100（\%）$$

自己資本比率は、企業の中長期的な安全性を示す重要な指標です。自己資本比率は、自己資本（純資産）÷総資本ですから、貸借対照表の右側の総資本のうち、元手の資本金と会社自身が稼ぎだした利益剰余金がどれくらい占めているかをみるものです。いわば、総資本のうち、返済しなくていいお金の比率といえます。

業績のよい会社は、資本金がそのままでも、会社が毎年利益を出して利益剰余金が積み上がっていきますから、自己資本比率は高くなります。自己資本比率の高い会社は、相対的に負債が少ないので、金利負担の軽い優良企業ということになります。

総資本（＝負債・純資産合計）に占める自己資本（純資産）の割合は、高ければ高いほどよいということになりますが、中小企業の平均である30%以上がひとつの目安になります。

業種にかかわらず、10% 以下は過小資本といえるでしょう。業績が落ち始めると、一気に安全性が損なわれます。持っている資産の大半が現金であれば、自己資本比率は低くても問題はありませんが、売掛金や受取手形の実額が多ければ回収のリスクもあり、資産構成によっては必ずしも短期的な安全性を示す指標とはいえません。

まずは業界の平均的な自己資本比率を確認し、平均よりも大幅に低いようであれば、安全性に懸念ありということになります。

自己資本とは、正確には「純資産の部」の**「株主資本」**と**「評価・換算差額等」**を加えたもので、「新株予約権」は含まれませんが、おおまかには**「純資産の部」**と考えてよいでしょう。

毎年赤字を出しつづけていくと、利益剰余金がマイナスとなり、資本金の額が変わらなければ自己資本、つまり純資産の部が減り続け、ついには純資産の部全体がマイナスの状態になります。この状態を「**債務超過**」といいます。すべての資産を処分しても負債が返せない状況のことです。

（5） 売上債権回転期間

$$売上債権回転期間＝\frac{受取手形＋売掛金}{売上高}\times 365（日）$$

売上債権回転期間は、受取手形と売掛金の合計である売上債権の回収に何日必要とするかを示す指標です。**受取手形**とは、通常の営業取引により受け取った**約束手形**（振出人が名宛人に対し支払いを約束した証券）や**為替手形**（振出人が名宛人に対して、代金を指図人に支払うことを委託した証券）などの手形債権をいいます。

たとえば、7月1日に商品を仕入れ、この仕入代金は40日後に支払う約束で、この商品が20日後に販売できて、その代金の回収条件は50日後、という取引があったとします。そうすると、仕入代金の支払日から売掛金の回収日までは30日あり、この間のつなぎ資金が必要になります。実際には、このような取引がいくつもあって、その平均値が回転期間として表されます。

売上高が3億6,500万円で、期末に売上債権（受取手形＋売掛金）が

5,000万円あれば、売上債権回転期間は、5,000÷36,500×365＝50（日）です。売上債権回転率という表現もあり、その場合は、売上高36,500÷売上債権5,000＝7.3（回）となります。売上高が債権の何倍あるか、あるいは1年間で何回転するのかを示すのが回転率であり、売上高の何日分かということを示すのが回転期間です。回転期間のほうが販売代金の標準的な回収条件との対比もしやすく、実用的な指標といえます。

売上債権回転期間は、生活関連サービス業・娯楽業で6日、建設業で70日、中小企業の平均は50日です。

回転期間は分子の売掛金、受取手形の増減や、手形サイトの長短、分母の売上高の増減によって変動しますが、回転期間（日数）が短いほど、資金繰りに余裕ができます。

この回転期間が長い場合、不良債権がないか疑ってみる必要があります。一次データとして入手した企業の「勘定科目の内訳」があればそれを調べ、受取手形と売掛金の主な取引先とその金額をチェックします。

回転日数をみるときに留意しなければならない点は、割引手形や裏書手形の存在です。取引先が振り出した受取手形は、期日になると現金化できますが、期日前に銀行に持ち込んで、一定の手数料（＝割引料）を支払って先に現金をもらった手形を**割引手形**といいます。割引手形は、通常、貸借対照表上から消去されて、下部に「受取手形割引高：○○○円」という注記がなされます。この注記がされていない場合もあるので、注意します。

裏書手形とは、買掛金の支払いなどのために、受取手形に裏書をして第三者に譲り渡した手形のことをいいます。貸借対照表に注記がある場合は、この金額を加算して計算します。

本書では、作業を簡素化する観点から、割引・裏書手形を含まない指標で計算するようにしていますが、割引手形があり、金額も大きい場合には、決算書分析も割引手形を含めて計算します。

（６）　棚卸資産回転期間

$$棚卸資産回転期間 = \frac{棚卸資産}{売上高} \times 365（日）$$

棚卸資産とは、商品・製品、半製品・仕掛品、原材料・貯蔵品、消耗品など、通常、棚卸しを行ってその数量と金額を確定させる資産をいいます。不動産販売業者が販売を目的として所有する土地・建物は、通常の販売の対象となるものなので、不動産ですが棚卸資産になります。

棚卸資産回転期間は、棚卸資産の平均的な在庫期間（日数）を示します。製造業の棚卸資産回転期間は約36日、小売業は約28日といったところです。在庫管理や資材購買管理の徹底による回転期間（日数）の適正化によって、不良資産化しないよう短縮を図ります。

売上高総利益率のところでも述べていますが、「棚卸資産」はいわゆる「在庫」を示します。前期と比べて大幅に増加していないか、売上高が減っているのに棚卸資産だけが増えていないか、棚卸資産回転期間は業界平均と比べてどうか等をしっかりみます。

（７）　買入債務回転期間

$$買入債務回転期間 = \frac{支払手形＋買掛金}{売上高} \times 365（日）$$

支払手形とは、通常の営業取引によって振り出した約束手形や引き受けた為替手形などの手形債務をいいます。買入債務回転期間は、支払手形や買掛金の合計である買入債務を支払うのに何日分の売上高が必要であるかを示します。

回転期間（日数）が長いほうが、資金繰りに余裕ができますが、支払期間が長期化することにともなって仕入価格が高くなるような場合は、注意を要します。製造業で約 50 日、小売業で約 30 日が、中小企業の平均です。

4. 生産性分析

一連の企業経営活動を通じて、新たな価値（売上高、加工高、付加価値）をどの程度効率よく生み出しているかを分析するのが、生産性分析です。

製造業や建設業は、部品・原材料を外部から購入し、これを加工して製品として販売します。小売業では、店舗を構えて、商品を仕入れて販売します。したがって、業種によって、あるいは分析対象の企業によって、活用する経営・原価指標も異なってきます。

たとえば、設備資産（機械・装置・工具・器具・備品等）を多く有する業種では、「**1 人当たり機械装備額（設備資産÷従業者数）**」や「**機械投資効率（付加価値額÷設備資産）**」を分析し、また、小売業では「**売場 1 m² 当たり販売額（売上高÷売場面積）**」や「**交叉比率（売上高総利益率×商品回転率）**」で、売場や個別商品の生産性を分析することになります。

本書では、どの業種にも適用できる、**1 人当たり売上高**、**1 人当たり労務費・人件費**、**労働分配率**の 3 つを主要指標としています。

一般に、生産性を高める具体的方策としては、「製品・サービスの差別化」、「IT の活用」、「人材育成・訓練」、「研究開発」、「地域資源有効活用」などがあげられます。

（1） 1 人当たり売上高

$$1\text{人当たり売上高} = \frac{\text{売上高}}{\text{従業者数}}\ (\text{千円})$$

この指標は、年間売上高を従業者数で割って、1 人当たりの売上高を算出します。分母の従業者数は、期末の役員および従業員数で計算します。ただし、業容が拡大して従業員数が急激に伸びている場合や、逆に、事業規模の縮小や業務の再編等で従業員数が大幅に減少している場合は、月別の従業員数がわかれば年間の平均従業員数を、わからなければ期首と期末時点の従業員数を足して２で割った平均従業員数を使うというように、弾力的に対応します。

１人当たり売上高は、卸売業で平均4,596万円、小売業で1,856万円、建設業で1,718万円です。

中小企業において、経営者や従業員が、同業他社や業界平均として最も比較しやすく、意識しやすい指標ですので、業種・従業員規模から、慎重に選択します。

なお、『中小企業実態基本調査に基づく中小企業の財務指標』におけるデータでは、分母の従業員数に該当する「従業者数」は、有給役員、常用雇用者、臨時・日雇雇用者および他社からの出向者・派遣者の合計である点に留意してください。

（2）１人当たり労務費・人件費

$$１人当たり労務費・人件費＝\frac{労務費＋人件費}{従業者数}（千円）$$

１人当たり労務費・人件費は、人件費の合計（労務費＋管理部門の人件費）を従業者数で割ったものです。

『中小企業実態基本調査に基づく中小企業の財務指標』のデータによれば、人件費には従業員教育費を含み、福利厚生費および利益処分による役員賞与は除かれています（年／人）。

これに対し、『TKC経営指標』のデータでは、人件費には給与・賞与・賃金、役員報酬のほか、福利厚生費・退職金等が含まれていますので、企業から入手できる一次データの状況に応じて、比較するデータを選択し、あくまでも参考値として提示します。

労務費・人件費の水準は、高いほど労働者に歓迎されますが、その水準が低いほど、経営者にとっては、企業利益を増大させ、企業の競争力を高めることになるため、提示の仕方やプレゼン時には留意が必要です。

（3） 労働分配率

$$労働分配率 = \frac{労務費＋人件費}{付加価値額} \times 100（\%）$$

労働分配率は、付加価値額に占める人件費の割合です。**付加価値額（加工高）**とは、企業の経営活動によって新たに生みだされた金額のことをいいます。付加価値額の算出には各種の方式がありますが、「中小企業実態基本調査」（中小企業庁）における勘定科目に合わせて、次のとおり付加価値額を算出します（加算方式）。

付加価値額＝労務費＋減価償却費　（売上原価の内訳）
＋人件費＋地代家賃＋減価償却費＋従業員教育費＋租税公課
（販売管理費の内訳）
＋支払利息・割引料　（営業外収益の内訳）
＋経常利益

労働分配率は、大企業40〜50％に対して中小企業の平均は70％という水準です。一般的には、人件費水準が高くても、生産性すなわち付加価値額が高い場合には、労働分配率は相対的に低くなる傾向にあります。

設備資産の多い企業は減価償却費も高額となり、付加価値額が大きく計算され、労働分配率が低下する傾向にあります。

1人当たり付加価値額（加工高）および労働分配率の水準・推移、同業他社（または業種平均）の労働分配率の水準・動向に留意し、人材の確保や定着に役立てます。

人件費負担の適正化のためには、①派遣社員、契約社員、パートタイマー、アルバイト等、雇用・就労形態の多様化を図る、②成果主義による賃金・退職金の一部導入、③福利厚生費の見直し、福利厚生業務のアウトソーシング等があげられます。

5.　返済力（債務償還能力）分析

同じ収益を上げている場合でも、一般的に借入金が多い場合は、安全性や健全性、そして借入金の返済力（債務償還能力）が低下します。

ここでは、借入金の実額を把握し、負債の状況や返済力（債務償還能力）をみる指標を取り上げています。

（１）　有利子負債

有利子負債＝長短借入金＋社債（千円）

金融機関等からの借入金のうち、決算書の日付から１年以内に返済すべきものを短期借入金、１年を過ぎてから返済期限が来る借入金を長期借入金として区別しています。短期借入金は流動負債、長期借入金は固定負債です。長期借入金でも、１年以内に返済予定とされている部分の金額は流動負債とすることになっていますが、中小企業では、１年以内に返済予定の長期借入金も全額固定負債として処理している会社が多いようです。長期および短期借入金に社債を加えたものが、有利子負債です。

比率分析の前に、まず有利子負債の実額を貸借対照表から把握します。『中小企業実態基本調査に基づく中小企業の財務指標』では、業種別の貸借対照表の構成比率と金額が掲載されているので、「短期借入金・長期借入金・社債」の金額を合計して、業界水準の有利子負債の実額を参考値として経営者に提示します。

負債の依存度が高い云々などとするよりも、「社長のところは、同業者平均と比較すると、借金が○○○万円ほど多いですね」とアドバイスするほうが、耳を傾けてくれ、また改善への目標感が出てくるのも事実です。

（2） ギアリング比率

$$\text{ギアリング比率}=\frac{\text{有利子負債（長短借入金＋社債）}}{\text{自己資本}}\times 100\ (\%)$$

自己資本に対する有利子負債（長短借入金＋社債）の比率をみる指標です。この比率が低ければ低いほど「借金の少ない会社」ということになり、経営の安全性・健全性・返済力は高まります。

自己資本比率が30％とすると、負債は総資本の70％ですから、この場合、ギアリング比率は、70÷30×100≒233％が上限となり、負債のすべてが有利子負債だとしても、200％強が限界といえます。一般に、40％以下が優良、100％以上はやや資金返済の余力に不安があり、200％以上は要注意です。

もう1つ、金融機関が貸出にあたって重視する指標をご紹介しましょう。それは、「**デット・キャパシティ・レシオ（倍）**」です。これは、有利子負債÷（現預金＋有価証券＋投資有価証券＋土地＋建物）で算出し、有利子負債に対して換金可能な資産がどれくらいあるかの比率をみる指標です。望ましい水準は1倍といわれます。有価証券や土地・建物等の含み損益を正確に把握したうえで活用すべき指標なので、参考にとどめています。

（3）　債務償還年数

$$債務償還年数＝\frac{有利子負債（長短借入金＋社債）}{償却前営業利益}（年）$$

償却前営業利益とは、**営業利益**と**減価償却費**の合計です。支払利息や税金、減価償却を行う前の利益の総額で、簡易的なキャッシュフローを表します。

EBITDA（償却前営業利益）＝営業利益＋減価償却費

EBITDAは、違う式で定義される場合がありますが、上記の式がシンプルでわかりやすいでしょう。

EBITDAとは、Earnings Before Interest, Taxes, Depreciation, and Amortization（金利、税金、減価償却、その他償却前利益）の意味です。

EBITDAは、イービットダと読みます。

企業買収では多くの場合、償却前営業利益を指標にします。その会社が、いくら稼げるかというダイレクトな数字を示す指標だからです。

債務償還年数とは、有利子負債を償却前営業利益で割った数値です。会社の営業利益と減価償却費が現在のまま推移するとして、有利子負債を何年で返済できるかの目安を示すものです。金融機関が貸出に際して重要視する指標の１つです。

たとえば、有利子負債が１億1,000万円、償却前営業利益1,830万円（営業利益1,230万円、減価償却費600万円）である企業の場合、**債務償還年数**は、11,000÷1,830＝6.0（年）であり、現在の本業の収益水準からすれば、有利子負債を返済するのに６年かかると判断するものです。金融機関は融資の際、収益計画とこの償還年数をみながら貸出金額・貸出期間のめどをつけるのです。

なお、有利子負債の分析にあたっては、債務償還年数をみるだけではなく、金利の負担について実態を把握しておくことが大切です。

その際には、「**インタレスト・カバレッジ・レシオ（倍）**」をみます。これは、営業利益および受取利息・配当金が、**支払利息・割引料**（＝手形を割引く際の割引料で金融費用に該当する。販売の割引ではない）の何倍あるかを示すものです。いわば、利払いの余裕度を表す指標です。従来は、この倍率が3倍以上あるとよいといわれたものですが、収益力が高く有利子負債が少ない企業なら100倍を超える場合も出てきますのであくまでも参考値とする指標です。

業種別の「償却前営業利益」の実額と「債務償還年数」、「インタレスト・カバレッジ・レシオ」のデータは、『TKC経営指標（要約版）』にまとめて掲載されているので、こちらを活用するとよいでしょう。

次に、支払利息については、「**表面金利**」だけではなく、「**実質金利**」をみるようにします。

「表面金利」は、借入金残高に対する支払利息の比率です。これに対して「実質金利」とは、借入金残高から預金残高を差し引いた額に対する、実質的な支払利息（＝支払利息－受取利息）です。

たとえば、A銀行には、長期借入金5,000万円とともに定期預金の残高2,000万円があり、A銀行に対する支払利息が150万円で、受取利息が10万円であるとします。この場合、借入金と預金残高を相殺すれば、実質的な借入金は、5,000万円－2,000万円＝3,000万円であり、実質的な支払利息は、140万円（＝150万円－10万円）なので、結果的に、実質金利は4.67％（＝140万円÷3,000万円×100）となります。

現在は金利が低いので金融コストをそれほど考慮せずに済んでいますが、金利が上がれば状況は一変します。

中小企業が地元の金融機関の信用を得るためには、ある程度の定期預金などは必要かもしれません。手元資金に余裕があれば、財務の安全性を損なわない範囲で、借り換え時に**金利の高い長期借入金を低利の短期借入金に変更**したり、**低利の公的融資への借り換え**や、場合によっては、**借入金の繰上返済**を検討するなどして、金利コストの節約を図る余地がないかアドバイスします。

中小・零細企業は、設備資産などの長期資金を短期資金の借り換えで調達せざるを得ないケースもあり、金融機関との取引ぶり（メインバンクはどこか、融資残高はどれくらいで、その推移はどうか）や、融資形態の特徴等についてもできるだけ把握するようにします。

6.　成長性分析

個別企業の成長性については、売上高、利益、総資産、従業員数の伸び率等、損益計算書の数字の期間比較を行うことで総合的に判断していきます。

業種・業界が創業期・発展期・成熟期・衰退期のいずれの局面にあり、また、業種・業界としての成長率はどうなのか、さらに、自社が立地する地域・商圏の発展段階はどうなのか等も併せて分析すると、より説得力のある成長性分析となります。

②　キャッシュフロー分析

（1）　キャッシュフロー計算書の重要性

「キャッシュフロー計算書」とは、貸借対照表・損益計算書（＝財務２表）につづく第３の財務諸表です。上場会社等には、2000年（平成12年）３月期決算からキャッシュフロー計算書の作成が義務づけられていますが、中小企業には義務づけられていません。

日本税理士連合会、日本公認会計士協会、日本商工会議所、企業会計基準委員会の民間４団体が、平成18年に公表し、平成28年１月に改正した**「中小企業の会計に関する指針」**においては、キャッシュフロー計算書の作成を推奨しています。

また、最近の金融機関の融資審査は、損益計算書等による利益水準や比率分析だけでなく、キャッシュフロー計算書を重視する傾向にあります。

キャッシュフロー（Cash Flow＝CF）とはキャッシュの流れ（フロー）、つまり、お金の流れ（資金収支）のことであり、キャッシュフロー計算書では、１事業年度中の資金の流入額と流出額の総額、流入と流出の差額としての２期の資金増減額、期末におけるキャッシュの残高が表示されます。

「資金繰り表」が資金計画のためにお金の流れを管理し、資金不足がある場合は、新規借入を検討したり、資産の売却を行ったりするのに対し、キャッシュフロー計算書は、結果としてのお金の増減額を表示するものです。

これまでの会計では「収益－費用＝利益」が重視されてきましたが、会社の資金の流れも重要視されています。

会社にとって何が一番重要なのでしょうか？　経営戦略でしょうか？　それとも顧客満足度？　あるいは株主への配当額でしょうか？

それは、つぶれないことです。会社の倒産は、損益面で倒産するよりも、キャッシュ不足で倒産することのほうがはるかに多いといわれています。いわゆる「勘定合って銭足らず」とならないように、会社の規模の大小にかかわらず、会社の資金の流れを把握することは、経営者にとっても、そしてコンサルタントにとっても重要なことです。

「キャッシュフロー計算書」を読みこなすのは、そう難しいことではありませんが、実際に作成するとなると厄介です。財務諸表そのものに不備がある場合、あるいは決算に粉飾がある場合、そして計算間違いがあると、なかなか数字が一致しないものです。

本節では、キャッシュフロー計算書の基本的な考え方をマスターしつつ、実際にキャッシュフロー計算書を作成し、キャッシュフローを読むうえでのポイントをまとめています。

（2）「キャッシュフロー計算書」の構成

「キャッシュフロー計算書」（Cash Flow Statement、略して**CS**と呼ばれる）は、会社の資金の出入りを「**営業活動によるキャッシュフロー（営業CF）**」、「**投資活動によるキャッシュフロー（投資CF）**」、「**財務活動によるキャッシュフロー（財務CF）**」の３つに分類して、表示します。

会社の基本的な経営活動を、おおまかに３つに分けて資金収支をみようとするもので、営業CFが「どのように利益を上げているか」、投資CFが「何に投資をしているか」、財務CFが「どうやって資金を調達しているか」をおおよそ示すものといえます。

「キャッシュ」とは**「現金及び現金同等物」**のことをいいますが、「現金同等物」とは、容易に換金可能であり、かつ価格変動リスクの少ない短期投資をいいます。定期預金、譲渡性預金、公社債などが含まれ、株式は含まれません。

図表3-2-1は、キャッシュフロー計算書の構成を表したイメージ図です。

図表 3-2-1 キャッシュフロー計算書の構成イメージ

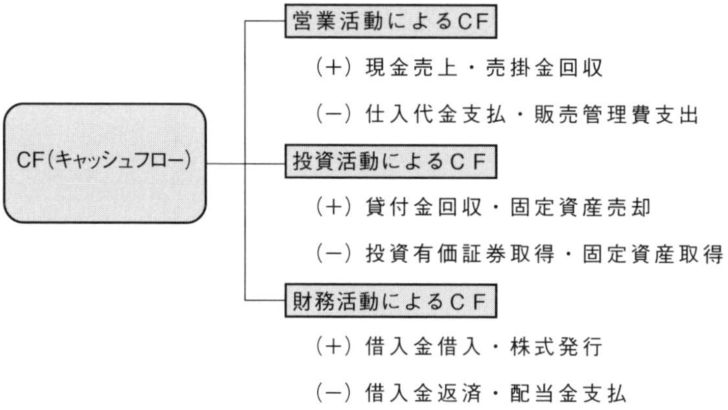

（3）「キャッシュフロー計算書」の作成手順

CSの作成方法には、「直接法」と**「間接法」**がありますが、2期のB/SとP/Lがあれば作成することのできる間接法が一般的であり、実際の企業のCSのほとんどが、間接法によるものです。

間接法のCSを作成するためには、簡便的に「当期純利益」を一番上にもってきます。

図表 3-2-2 に示すのが、「キャッシュフロー計算書」のモデルです。項目に従って、勘定科目の増減の金額を記入していきます。

たとえば、「受取手形」の増加は現金を受け取っていないため、資金的にはマイナス（－）になるので、増加した数字に（－）をつけて記入します。短期借入金の増加は、資金的にはプラス（+）になるので、増加額をそのまま記入するというように、勘定科目の該当項目の増減を記入していきます。

（4）「キャッシュフロー計算書」を作成する

それでは、A社の事例で、実際に「キャッシュフロー計算書」を作成して

図表 3-2-2　キャッシュフロー計算書（例）

キャッシュフロー計算書

自平成○○年○月○日　至平成○○年○月○日

（単位：万円）

項　目	金　額
Ⅰ　営業活動によるキャッシュフロー	
(1) 当期純利益（＋）	0
(2) 非資金の費用項目	
1. 減価償却費（＋）	0
2. 諸引当金の増加（＋）・減少（－）額	0
(3) 回収・支払サイト	
1. 受取手形の増加（－）・減少（＋）額	0
2. 売掛金の増加（－）・減少（＋）額	0
3. 棚卸資産の増加（－）・減少（＋）額	0
4. その他の流動資産の増加（－）・減少（＋）額	0
5. 支払手形の増加（＋）・減少（－）額	0
6. 買掛金の増加（＋）・減少（－）額	0
7. 前受金の増加（＋）・減少（－）額	0
8. その他の流動負債の増加（＋）・減少（－）額	0
9. その他の固定負債の増加（＋）・減少（－）額	0
10. 利益処分による役員賞与の支払（－）額	0
（Ⅰの計）	0
Ⅱ　投資活動によるキャッシュフロー	
1. 有価証券の購入（－）・売却（＋）額	0
2. 短期貸付金の貸付（－）・回収（＋）額	0
3. 土地の購入（－）・売却（＋）額	0
4. 減価償却資産の増加（－）・減少（＋）額	0
5. 建設仮勘定の増加（－）・減少（＋）額	0
6. 無形固定資産の増加（－）・減少（＋）額	0
7. 投資有価証券の購入（－）・売却（＋）額	0
8. 長期貸付金の貸付（－）・回収（＋）額	0
9. その他の固定資産の増加（－）・減少（＋）額	0
10. 繰延資産の増加（－）・減少（＋）額	0
（Ⅱの計）	0
フリーキャッシュフロー（Ⅰ＋Ⅱ）	0
Ⅲ　財務活動によるキャッシュフロー	
1. 短期借入金の増加（＋）・減少（－）額	0
2. 長期借入金の増加（＋）・減少（－）額	0
3. 社債の増加（＋）・返済（－）額	0
4. 増資（＋）額	0
5. 自己株式の取得（－）・処分（＋）額	0
6. 剰余金の配当の支払（－）額	0
（Ⅲの計）	0
Ⅳ　現金及び現金同等物の増加・減少額（Ⅰ＋Ⅱ＋Ⅲ）	0
Ⅴ　現金及び現金同等物の期首残高	0
Ⅵ　現金及び現金同等物の期末残高（Ⅳ＋Ⅴ）	0

出所：「中小企業の会計ツール集」シート⑨（中小企業庁財務課）

みましょう。

キャッシュフローは、**図表 3-2-3** に示すように、貸借対照表（B/S）・損益計算書（P/L）の勘定科目の２期間の増減によって計算します。ここでも、比較貸借対照表・比較損益計算書を作っておくと便利です。

通常、金額は、百万円・千円・円といった単位で表示されますが、ここではわかりやすくするために万円単位で表示し、勘定科目も簡略化しています。

さて、実際にＡ社の比較貸借対照表と比較損益計算書から数字を記入していくと、**図表 3-2-4** のとおりとなります。

図表 3-2-3　Ａ社の財務諸表

Ａ社の比較貸借対照表

（単位：万円）

	前期	当期	増減		前期	当期	増減
現金及び預金	6703	7095	392	支払手形	7005	6632	−373
受取手形	8831	8926	95	買掛金			
売掛金				短期借入金	5320	4887	−433
有価証券	549	482	−67	前受金			
棚卸資産	4817	4766	−51	引当金			
短期貸付金				その他の流動負債	3126	3195	69
その他の流動資産	2063	2024	−39	流動負債合計	15451	14714	−737
貸倒引当金				長期借入金	10032	10332	300
流動資産合計	22963	23293	330	社債	574	791	217
建物・構築物	4876	5024	148	引当金			
機械装置	3818	3993	175	その他の固定負債	928	908	−20
工具・器具・備品	973	898	−75	固定負債合計	11534	12031	497
土地	5905	5623	−282	負債合計	26985	26745	−240
建設仮勘定	161	128	−33	資本金	1511	1541	30
減価償却累計額	△1700	△1931	−231	資本剰余金	600	600	
投資有価証券	3335	3568	233	利益剰余金	11602	12358	756
その他の固定資産	243	376	133	自己株式		△141	−141
固定資産合計	17611	17679	68	その他			
繰延資産合計	124	131	7	純資産合計	13713	14358	645
資産合計	40698	41103	405	負債・純資産合計	40698	41103	405

A社の比較損益計算書

（単位：万円）

	前期	当期	増減
売上高	47778	47365	−413
売上原価	37689	37243	−446
売上総利益	10089	10122	33
販売費及び一般管理費	8573	8564	−9
営業利益	1516	1558	42
営業外収益	619	692	73
営業外費用	478	557	79
経常利益	1657	1693	36
特別利益	290	296	6
特別損失	587	454	−133
税引前当期純利益	1360	1535	175
法人税、住民税及び事業税	627	679	52
当期純利益	733	856	123

利益処分

当期の剰余金の配当	50
当期の役員賞与の支給	50

（注）2006年5月の会社法施行により、従来、利益処分項目として計上されていた「役員賞与」は、発生した会計期間の費用として処理する方法に変わり、原則として、「販売費及び一般管理費」で計上される。

比較貸借対照表・比較損益計算書については、宇田川荘二著『中小企業の財務分析―「経営・原価指標」活用の手引き』（同友館）より引用。

通常は、3期の決算書から、2期分のキャッシュフロー計算書を作成します。キャッシュフロー計算書はこのままでもかまいませんが、さらにプレゼン用に、図表3-2-5のように主な金額の動きがわかるようにまとめておくとよいでしょう。

図表 3-2-4　A 社のキャッシュフロー計算書

（単位：万円）

Ⅰ	**営業キャッシュフローの計算**	
	当期純利益	856
	減価償却費	231
	受取手形の増加	−95
	棚卸資産の減少	51
	その他流動資産の減少	39
	支払手形の減少	−373
	その他の流動負債の増加	69
	その他の固定負債の減少	−20
	利益処分による役員賞与の支払	−50
	計	708
Ⅱ	**投資キャッシュフローの計算**	
	有価証券の売却	67
	土地の売却	282
	減価償却資産の増加	−248
	建設仮勘定の減少	33
	無形固定資産の増加	−5
	投資有価証券の購入	−233
	その他の固定資産の増加	−128
	繰延資産の増加	−7
	計	−239
Ⅲ	**財務キャッシュフローの計算**	
	短期借入金の減少	−433
	長期借入金の増加	300
	社債の増加	217
	増資	30
	自己株式の取得	−141
	配当の支払	−50
	計	−77
Ⅳ	**キャッシュの増減額（Ⅰ＋Ⅱ＋Ⅲ）**	392
Ⅴ	**キャッシュの期首残高**	6703
Ⅵ	**キャッシュの期末残高（Ⅳ＋Ⅴ）**	7095

図表 3-2-5　A 社キャッシュフロー計算書（プレゼン用）

（単位：万円）

		当　期
	当期純利益	856
	減価償却費	231
	受取手形の増加（－は増加額）	−95
	棚卸資産の減少（－は増加額）	51
	支払手形の減少（－は減少額）	−373
	その他	38
Ⅰ	営業活動によるキャッシュフロー	708
	土地の売却	282
	投資有価証券の購入（－は減少額）	−233
	減価償却資産の増加（－は増加額）	−248
	その他	−40
Ⅱ	投資活動によるキャッシュフロー	−239
	短期借入金の減少（－は減少額）	−433
	長期借入金・社債の増加（－は減少額）	517
	その他	−161
Ⅲ	財務活動によるキャッシュフロー	−77
Ⅳ	現金および現金同等物の増加額（－は減少額）＝Ⅰ＋Ⅱ＋Ⅲ	392

Ⅴ	現金および現金同等物の期首残高	6, 703
Ⅵ	現金および現金同等物の期末残高＝Ⅳ＋Ⅴ	7, 095

フリーキャッシュフロー　＝　Ⅰ　＋　Ⅱ	469

(5) 「キャッシュフロー計算書」作成時の強い味方

以上でキャッシュフロー計算書は作成できました。

キャッシュフロー計算書の実際の作成にあたっては、**中小企業庁のホームページ**から、**「中小企業の会計」ツール集**のシート⑧⑨⑩「キャッシュフロー計算書の簡易ツール」が無料でダウンロードできますので、これを活用するとよいでしょう。

(http://www.chusho.meti.go.jp/zaimu/kaikei/kaikei_tool.html)

なお、中小企業診断士は、中小企業診断協会の会員であれば、同協会のホームページの「会員専用マイページ」から診断用の資料をダウンロードして、キャッシュフロー計算書を作成することができます。

(6) 「キャッシュフロー計算書」の読み解き方

安定的に資金が循環している会社では、営業CFで生みだされた現金で投資CFにおいて設備投資を行い、さらに、財務CFで借入金返済と株主への配当を実施するという資金の流れになります。

本業が不振だと、まず営業CFがマイナスになります。手持ちの固定資産や有価証券を売却して埋め合わせをすれば、投資CFがプラスになりますし、銀行からの借入金で賄えば、財務CFがプラスになります。

したがって、営業CF・投資CF・財務CFが、「－・＋・＋」となっている会社は、順調でないことがわかります。なお、CFの「＋」は会社への資金流入、CFの「－」は会社からの資金流出を表しています。

図表3-2-6は、CFの８つのパターンを一覧にまとめたものですが、キャッシュフローから会社の体質を推測するひとつの目安として活用できます。

(7) フリーキャッシュフロー

営業CFが会社の本業による現金の流れを示し、投資CFは設備投資や土地、株式等の有価証券への投資にともなう現金の流れを示します。そして、

図表3-2-6　CFの8つのパターン

キャッシュの残高によっても状況が異なりますが、おおむね次のように推定します。

<table>
<tr><td rowspan="3">A</td><td>営業CF</td><td>＋</td><td rowspan="3">資金潤沢な会社だが、当期の資金効率は悪い。営業活動で現金を生みだし、固定資産や有価証券等を売却し、さらに借入等でも現金を増やしている。
将来の投資のためにキャッシュポジションを高めている。</td></tr>
<tr><td>投資CF</td><td>＋</td></tr>
<tr><td>財務CF</td><td>＋</td></tr>
<tr><td rowspan="3">B</td><td>営業CF</td><td>＋</td><td rowspan="3">財務体質改善（強化）中の会社。
営業活動と、固定資産や有価証券等の売却により生みだした現金を、借入金の返済に充てている。</td></tr>
<tr><td>投資CF</td><td>＋</td></tr>
<tr><td>財務CF</td><td>－</td></tr>
<tr><td rowspan="3">C</td><td>営業CF</td><td>＋</td><td rowspan="3">拡大志向の会社のパターン。
営業活動で生みだした現金と、借入金で増やした現金で、投資を行っている。</td></tr>
<tr><td>投資CF</td><td>－</td></tr>
<tr><td>財務CF</td><td>＋</td></tr>
<tr><td rowspan="3">D</td><td>営業CF</td><td>＋</td><td rowspan="3">キャッシュフローが、良循環にある会社。
営業活動で生みだした現金を、投資や借入金の返済に充てている。</td></tr>
<tr><td>投資CF</td><td>－</td></tr>
<tr><td>財務CF</td><td>－</td></tr>
<tr><td rowspan="3">E</td><td>営業CF</td><td>－</td><td rowspan="3">業績不振会社の資金繰りひっ迫のパターン。
営業活動での現金不足を、資産の売却や借入金によって、賄っている。</td></tr>
<tr><td>投資CF</td><td>＋</td></tr>
<tr><td>財務CF</td><td>＋</td></tr>
<tr><td rowspan="3">F</td><td>営業CF</td><td>－</td><td rowspan="3">本業不振で過去の財産を切り売りしている会社。
営業活動での現金不足と借入金返済を、固定資産や有価証券の売却で賄っている。</td></tr>
<tr><td>投資CF</td><td>＋</td></tr>
<tr><td>財務CF</td><td>－</td></tr>
<tr><td rowspan="3">G</td><td>営業CF</td><td>－</td><td rowspan="3">設立後間もない会社やベンチャー企業に多い。
営業活動で現金を生みだせていないため、借入金や増資等で投資を行っている。</td></tr>
<tr><td>投資CF</td><td>－</td></tr>
<tr><td>財務CF</td><td>＋</td></tr>
<tr><td rowspan="3">H</td><td>営業CF</td><td>－</td><td rowspan="3">過去の剰余金で生き残っている会社。
営業活動で現金を生みだせず、投資で現金が出ていき、さらに借入金の返済もせざるを得ない状況にある。</td></tr>
<tr><td>投資CF</td><td>－</td></tr>
<tr><td>財務CF</td><td>－</td></tr>
</table>

財務CFで金融機関からの借入や社債の発行等にともなう資金の流れがわかります。

キャッシュフロー計算書をみるときは、前述したように、営業CF・投資CF・財務CFの±をみると同時に、**「フリーキャッシュフロー」**の実額にも注目します。

フリーキャッシュフロー＝営業CF＋投資CF

会計上のフリーキャッシュフローは、営業CFの額から営業活動に必要な設備投資額を差し引いた金額とされています。ただし、設備投資額について、通常投資なのか、積極投資なのか、具体的な中身を区別することは困難ですので、簡便的に営業CFと投資CFの合計額をフリーキャッシュフローとしています。

フリーキャッシュフローは、会社が事業の拡大や借入金の返済等に使うことができ、株主への配当もできる**自由資金**ということになります。

フリーキャッシュフローがプラスということは、本業で稼いだ現金（営業CF）で今後の経営活動に必要な設備投資額（投資CF）をカバーできているので、健全といえます。

フリーキャッシュフローを増やす方策としては、売上高を増やすことはもちろんですが、現金による売上を多くする、売掛金の回収サイトを短縮する、支払サイトを延ばす、経費の節約に努める、在庫を圧縮する、与信管理により貸付金を確実に回収する等が一般的です。場合によっては、有価証券や遊休不動産等の売却といった手段も考えられます。

③　損益分岐点分析

（1）　損益分岐点分析とは

損益分岐点（Break–even point）とは、売上高と費用が等しく、利益がゼロとなる点のことです。そして、損益分岐点分析とは、この考え方を利用して売上高・原価・利益の関係を分析するものです。

損益分岐点分析の具体的分析項目としては、

①　損益分岐点売上高の算出

②　損益分岐点売上高比率と安全余裕率の算出

③　目標利益達成のための必要売上高の把握

の３つがあげられます。

（2）　損益分岐点売上高

損益分岐点とは、文字どおり損失と利益の分岐点であり、**損益分岐点売上高**とは、損益トントンの売上と費用が一致するときの売上高のことです。売上高－費用＝0となり、利益も赤字も出ない売上高のことです。

一般に、費用には、売上高の増減や工場の操業度に連動して増減する費用である「**変動費**」と、売上高の増減にかかわりなく一定期間の総額が変化しない費用である「**固定費**」とに分けることができます。

変動費の代表的なものとして、製造業では材料費・外注費、小売業では商品仕入原価などがあげられます。固定費の代表例としては、固定資産税・賃借料などです。この費用分解は画一的ではなく、同じ費用でも業種・業態によって異なってきます。

さて、売上高から変動費を差し引いた残額を**限界利益**といいます。この限

図表 3–3–1　損益分岐点分析の公式

損益分岐点は、次の公式で求められます。

売上高－変動費＝限界利益
限界利益－固定費＝利益

利益が 0 で、限界利益＝固定費　となるのが損益分岐点です。
損益分岐点は、売上高－変動費＝固定費　となる売上高といえます。
したがって、左辺を変形して、

$$売上高\left(1-\frac{変動費}{売上高}\right)=固定費$$

さらに式を展開して、

$$\textbf{損益分岐点（売上高）}=\frac{固定費}{1-\dfrac{変動費}{売上高}}$$

となります。なお、変動費率＝変動費÷売上高
限界利益率＝1－変動費率　と定義されています。

界利益こそが固定費を吸収できる源泉です。限界利益から固定費を引いたものが利益となります。**図表 3–3–1** で、その内容について解説しています。

一応の理解ができたら、損益分岐点売上高の計算式は公式ですから、マル覚えするしかありません。

次に、**図表 3–3–2** の損益分岐点図表をみてください。縦軸が売上高・費用・損益を、横軸が売上高を表しています。図中の売上高線は、原点から 45 度の傾斜で直線として描き、固定費は、売上高の増減にかかわらず一定であるため、横軸に平行な線として描きます。変動費は、売上高に比例して変化するので、変動費率を傾斜に持つ直線として表されます。固定費と変動費を足したものが総費用であり、売上高と総費用の直線が交わる点が損益分岐点であり、そこから横軸に下ろした垂線と横軸の交わるところが損益分岐点売上高を示します。損益分岐点に対して、実際の売上高が大きければ利益が増え、逆に、売上高が低ければ損失が膨らむことになります。

図表 3-3-2　損益分岐点図表

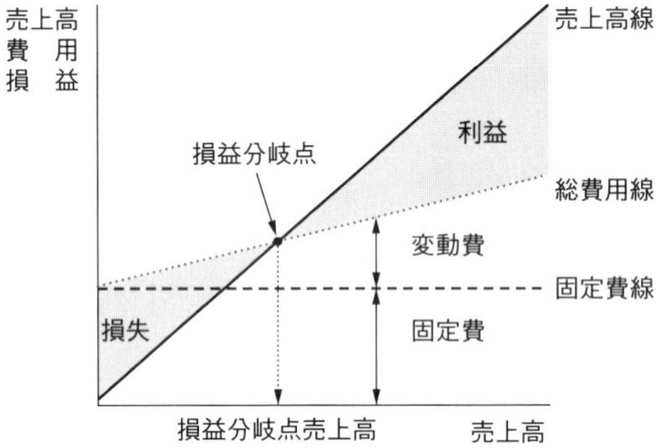

固定費をカバーする利益が計上できなければ会社は赤字になります。この利益（＝売上高－変動費）が限界利益です。限界利益と固定費が等しくなる地点が損益分岐点となることを理解します。

（3）　損益分岐点売上高比率

損益分岐点売上高比率とは、現在の売上高からみた損益分岐点売上高の割合を示すものです。損益分岐点売上高の実額が高くても、売上高に対する比率が低ければ、最終的には利益を生みやすい収益構造であるといえます。損益分岐点売上高比率は、低いほどよいということになります。

$$損益分岐点売上高比率 = \frac{損益分岐点売上高}{売上高} \times 100\ (\%)$$

【例題】

具体例をあげます。この場合においては、

売上高	1,000
変動費	300
限界利益	700
固定費	500
利　益	200

（変動費率 30%）
（限界利益率 70%）

損益分岐点売上高＝固定費÷(1－変動費÷売上高)

＝500÷(1－300÷1,000)≒714　　となります。

損益分岐点売上高比率＝714÷1,000×100%＝71.4%　です。

損益分岐点売上高	714
変動費	214
限界利益	500
固定費	500
利　益	0

（変動費率 30%）
（限界利益率 70%）

損益分岐点とは、限界利益＝固定費となる売上高のことでしたね。

(4)　安全余裕率

安全余裕率は、損益ゼロになってしまうまでの余裕度を表します。比率が高ければ高いほど、現状の売上高の安全性が高いわけです。

安全余裕率＝100－損益分岐点売上高比率（%）

たとえば、損益分岐点売上高比率が 71.4% の場合、安全余裕率は、100－71.4＝28.6% です。安全余裕率が 28.6% の会社は、現在の売上高が 28.6% を超える減少となれば、赤字に転落するということになります。

(5)　目標利益達成売上高

損益分岐点の考え方は、採算点を把握することができるほか、利益計画にも活用できます。目標利益を達成するために必要な売上高は、次の式で計算することができます。

$$目標利益達成のための必要売上高 = \frac{固定費 + 目標利益}{1 - 変動費率}$$

変動費率＝変動費÷売上高

たとえば、先の例題で、利益を200から220（10％アップ）とする利益計画を立てた場合に、必要となる売上高は、(500＋220)÷(1－0.3)≒1,029です。理論的には、102.9％以上の売上高（増収）計画を立てる必要があるということになります。

（6）　変動費と固定費の分解方法

損益分岐点分析を行うにあたっては、費用を変動費と固定費に分解する必要があります。実務的にはこの費用の分解はなかなか難しく、悩ましいところです。

費用分解の方法には、「最小二乗法」、「散布図表法」、「高低点法」、「勘定科目法」などがありますが、実務上、最も簡便的なのは**「勘定科目法」**です。

本書では、『中小企業実態基本調査に基づく中小企業の財務指標』における損益計算書の勘定科目に準拠して、次の方法で費用分解します。営業外損益も含めて経常利益までを損益分岐点分析の対象としています。

図表 3-3-3　変動費と固定費の分解（勘定科目法）

変動費＝商品仕入原価＋材料費＋外注費　（以上、売上原価のうち）
　　　　＋運賃荷造費＋販売手数料　　　（以上、販売管理費のうち）

固定費＝[売上原価－(商品仕入原価＋材料費＋外注費)]
　　　　＋[販売管理費－(運賃荷造費＋販売手数料)]
　　　　－営業外収益＋営業外費用

（7）　実際の損益分岐点分析

それでは、実際の損益計算書にもとづいて損益分岐点分析を行ってみましょう。**図表 3-3-4** は、Z 社の損益計算書です。

「損益分岐点計算シート」にもとづいて、数字を当てはめていきます。

図表 3-3-4　Z 社の損益計算書

損益計算書

（単位：万円）

売上高		35,554
売上原価		27,126
	商品仕入原価	14,081
	材料費	3,853
	労務費	2,261
	外注費	4,082
	減価償却費	385
	その他	2,464
売上総利益		8,428
販売費及び一般管理費		7,663
	人件費	3,711
	地代家賃	452
	水道光熱費	153
	運賃荷造費	311
	販売手数料	152
	広告宣伝費	149
	減価償却費	338
	租税公課	210
	その他	2,187
営業利益		765
営業外収益		454
営業外費用		370
経常利益		849
特別利益		245
特別損失		374
税引前当期純利益		720
法人税、住民税及び事業税		347
当期純利益		373

図表 3-3-5　損益分岐点計算シート

変動費＝商品仕入原価＋材料費＋外注費 　　　　＋運賃荷造費＋販売手数料 固定費＝[売上原価－(商品仕入原価＋材料費＋外注費)] 　　　　＋[販売管理費－(運賃荷造費＋販売手数料)] 　　　　－営業外収益＋営業外費用 変動費率＝変動費÷売上高×100（%） 限界利益＝売上高－変動費＝固定費＋利益 限界利益率＝1－変動費率 損益分岐点売上高＝固定費÷限界利益率×100（%）

変動費＝14, 081＋3, 853＋4, 082＋311＋152＝22, 479 万円

固定費＝[27, 126－(14, 081＋3, 853＋4, 082)]＋[7, 663－(311＋152)]

　　　　－454＋370＝12, 226 万円

変動費率＝22, 479 万円÷35, 554 万円×100＝63. 2%

限界利益＝35, 554 万円－22, 479 万円＝13, 075 万円

限界利益率＝1－0. 632＝0. 368

損益分岐点売上高＝12, 226 万円÷0. 368＝33, 223 万円

Z 社における損益分岐点売上高は、33, 223 万円です。

損益分岐点売上高比率（＝33, 223÷35, 554×100）は 93. 4% で、安全余裕率（＝100－93. 4）は 6. 6% となります。

（8）　損益分岐点算出時の留意点

損益分岐点分析は企業の採算計画や利益計画において有用ですが、売上高・原価・利益の関係を直線的に捉えていること、固定費は一定であり変動費は売上高に正比例して変動すること、販売価格の変動や商品構成は考慮していない等の前提条件のもとに成り立っている理論値であることを十分認識することが必要です。

したがって、損益分岐点売上高や目標利益達成売上高を診断先の企業に提示する場合は、あくまでも概算値であること、しかも経常利益ベースでの損益分岐点であり、特別損益や法人税等を含めた当期利益ベースではない点に留意します。

（9）　損益分岐点を下げるための方策

損益分岐点が低いほど経営に余裕があるということになりますが、損益分岐点を下げるためには、大きく3つのポイントがあります。

まず、固定費を下げることです。売上高が現状のままでも、固定費の削減によって利益は増加します。支払利息、地代家賃等の引き下げに着手します。**ムリ・ムダ・ムラ**を省くことから始めますが、従業員のモラールを維持しつつ人件費の削減にも踏み切る必要が出てくるかもしれません。

次に、単位当たりの変動費率を引き下げることです。卸・小売業でいえば、1個当たりの売上原価や販売手数料を減らすことです。製造業では、1個当たりの材料費や外注加工費を減らすことになります。

最後に、1個当たりの販売価格を上げることです。しかし、安易な値上げは販売量の減少を招くおそれがありますので、付加価値の高い製品群を見極め、価格の維持を図りつつ、供給しつづける企業努力が不可欠となります。

コラムⅣ

月別平均法

対前年同月の実績と比べ、伸び率をみて単純に計画値を算定するのではなく、季節変動を考慮した過去数年の実績値にもとづいて経営計画や販売計画を合理的に立案することができます。季節変動を指数化して捉える主な手法の1つに月別平均法があります。信頼度が高いうえに簡便であり、毎月の実績のフォローも説得力を増します。

月別平均法における季節指数の求め方は、次の手順で行います。

①過去数年間（下記の例では3年）の月別売上高を各月毎に合計し、さらに平均値を求めます。

②その平均値の合計額（12,153）をさらに12ヵ月で割った数値（1,013）で、各月の平均（たとえば4月の1,063）を割れば、その月の季節指数（4月は105）が算出されます。季節指数の合計は1,200になるよう端数を調整します。

翌期の販売計画の数値を当期の105％とする場合、5％アップした新年度の販売計画数値×季節指数/1,200として、月毎の販売計画を立てます。

季節指数は、販売計画ばかりでなく、仕入・労務・財務等の経営活動にも応用することができます。

月別平均法

（単位：万円）

	第20期	第21期	第22期	合計	平均	季節指数
4月	993	1,127	1,068	3,188	1,063	105
5月	823	809	901	2,533	844	83
6月	809	834	1,018	2,661	887	88
7月	847	856	1,002	2,705	902	89
8月	1,105	1,128	1,443	3,676	1,225	121
9月	948	961	1,167	3,076	1,025	101
10月	784	863	918	2,565	855	84
11月	837	911	1,156	2,904	968	96
12月	923	984	1,190	3,097	1,032	102
1月	840	946	1,081	2,867	956	94
2月	975	942	1,145	3,062	1,021	101
3月	1,291	1,331	1,502	4,124	1,375	136
年度計	11,175	11,692	13,591	36,458	12,153 <1,013>	1,200

④　投資の判断指標

「**会計（アカウンティング）**」は、企業外部の利害関係者に対する情報提供を目的として数字を把握する「財務会計」と、経営管理者の意思決定や組織内部の業績測定・業績評価に役立てるために数値を活用する「管理会計」に分けられます。管理会計の代表的な技法としては原価計算や予算管理などがあげられます。一方、「**財務（ファイナンス）**」は、外部の投資家の立場で、数値を使って企業を評価していくためのものです。近年脚光を浴びつつある新しい概念といえるでしょう。

一般的に「**ファイナンス**」とは、**投資に関する意思決定（投資決定）**、投資に必要な**資金の調達に関する意思決定（資金調達）**、そして**資金をいかに運用して配分するかという意思決定（資金運用・配当政策）**のことをいいます。

ここでは、投資決定のプロセスにおいて、知っておきたい3つの投資判断指標についてみていきましょう。

（1）　NPV法（正味現在価値法）

NPV＝将来のキャッシュフローの現在価値－投資額の現在価値

NPV≧0：投資を実行する

NPV＜0：投資を実行しない

NPV（Net Present Value：ネットプレゼントバリュー＝正味現在価値）法は、あるプロジェクトが将来生み出すキャッシュフローの現在価値と、そのプロジェクトに必要な投資額の現在価値を比べてみて、前者のほうが大きい場合は「投資を実行する」と判断するものです。

たとえば、100万円のある機械を購入すると向こう5年間で毎年21万円の儲けが見込まれるとしましょう。割引率を５％とした場合、この機械を買ったほうがよいでしょうか。なお、**割引率**とは「今後得られる収益や将来における価値を現在の価値に換算するときに用いる利回りのこと」です。

5年間の儲けは　21万円×5年＝105万円　となります。

投資額100万円を5万円上回りますが、大事なのはこの21万円を現在価値に直してみることです。**図表3-4-1**のように、「割引率」を５％とする場合、儲けの現在価値は90.9万円にとどまります。投資額100万円を下回り、NPV＜0となるため、「投資を実行しない」案件という判断になります。

図表3-4-1　NPV法

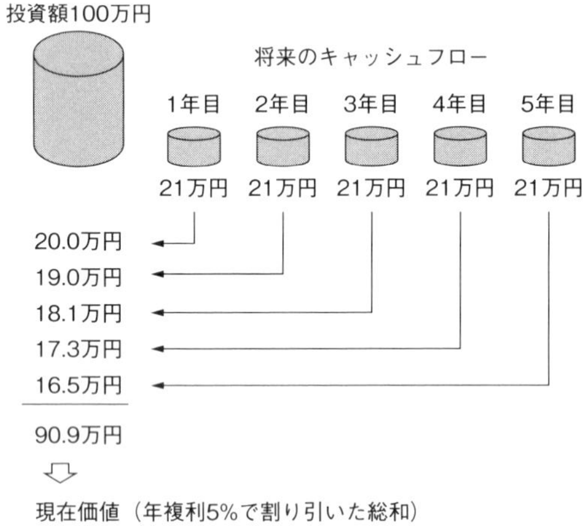

NPV＝90.9万円－100万円＜０（投資を実行しない）
将来のＣＦの現在価値―投資額の現在価値

（参考）
年複利によるn年後の元利合計は、
元本 ×（１＋年利率）^{n}

n年後の将来価値21万円は、
21万円 ÷（１＋年利率）^{n} で現在価値になる

（2）　IRR法（内部収益率法）

IRR（Internal Rate of Return：アイアールアール＝内部収益率）法は、投資プロジェクトの全体を通して、平均で年率何％儲かるかをもとに評価する方法です。

IRRは、内部収益率の頭文字をつなぎ合わせたせた言葉です。一言でいえば「IRRとは、NPV（正味現在価値）が、ゼロになる割引率」のこと」です。

IRRが、社内の投資方針である一定の「**割引率（ディスカウントレートまたはハードルレートともいう）**」を上回っていれば、「投資をしてもよいプロジェクト」としてゴーサインを出すことになるというものです。

プロジェクトXがあるとします。そのIRR、つまりNPVが0になるような割引率を5％としましょう。内部収益率5％のプロジェクトXに投資することは、年率5％の銀行預金にお金を預けるのと同じことになります。

具体例を示します。90.9万円を銀行に預けます。銀行の金利が5％の場合、1年後の利息は4.5万円で、同時に預金口座から21万円引き出します。預金残高は、74.4万円となります。これを預けたままにして、2年目も5％で運用して、年末に21万円を引き出します。これを繰り返していき、5年後に21万円を引き出します……。そうすると、5年後には、銀行の預金がゼロになります。プロジェクトX（向こう5年間で毎年21万円の儲けが見込まれる案件）と銀行預金が生み出すキャッシュのパターンが全く同じことになります。これがIRRの本質です。

預金を例にとりましたが、当初は儲からないがしだいに儲かってくるよう投資案件の場合、将来生み出されるフリーキャッシュフローを予測し、現在価値に置き換えることで、期間が異なる案件ごとの比較が可能になるところから、NPVやIRRは威力を発揮します。

デメリットとしては、IRR法はプロジェクトの規模の違いが反映されないことです。プロジェクトの利回りが単純に高くても、実際の投資を判断する際には、企業価値に影響を及ぼす実額等を考慮に入れる必要があります。

（３）　回収期間法

回収期間法は、投資した資金が何年で返ってくるのかを計算します。この回収期間法は、企業が定めた期間内に投資額が回収できるかどうかによって評価するものです。

具体例をあげます。図表 3-4-2 のプロジェクト Y については、４年目で累計 500 万円の CF（キャッシュフロー）があり、投資額を回収するのに４年間かかっています。プロジェクト Y の投資額の回収期間は４年となります。

図表 3-4-2　プロジェクト Y　（万円）

年　度	0	1	2	3	4	5
CF	−500	110	120	130	140	150
累計 CF	−500	−390	−270	−140	0	150

このように非常にわかりやすいので、日本企業の多くが使っているようです。ただし、２つのデメリットがあります。まず、お金の現在価値を無視しており、１年目から５年目まで、お金の価値を同じように扱っていることです。また、この方法では回収期間以降のキャッシュフローの価値が無視されることになります。「プロジェクトの投資額の回収期間は３年以内とする」という内部ルールがあれば、このプロジェクト Y は見送りとなります。回収期間以降徐々にキャッシュフローが増えていく案件が敬遠され、早めに回収できる安全な投資ばかりが優先されるという難点があります。

ライフサイクルが短い製品や、政情が不安定な地域への投資のように、できるだけ早い時期に回収することが望ましいプロジェクトにはこの方法が採用されます。

NPV や IRR については、通常、投資案件ごとに内部基準が設定されますが、回収期間法は、あくまでも、NPV や IRR の補助的な方法として使用すべき指標といえるでしょう。

⑤　企業価値の算定方法

企業価値は、算定する会社の事業規模や特性、業種・業界内の競争環境や市場の成長性等の要因によって大きく影響を受けます。また、企業の**M&A（Merger and Acquisition：合併・買収）**の場合、実際の取引価格は、譲渡側の資産状況やその緊急度合、買収側の必要度合や競合状況等によっても左右されることなどから、あくまでも価格算定・価格交渉時における目安の1つであることに留意する必要があります。

ここでは、M&Aにおいて、よく使われる会社を評価する3つの手法について、その概要を紹介します。

（1）　時価純資産法

時価純資産＋のれん代（営業利益の2～5倍）

会社の「貸借対照表」で、純資産額がわかりますが、これは「簿価純資産」です。含み益や含み損が反映されていません。土地、有価証券、生命保険、ゴルフ会員権、出資金などについてはすべて時価で評価します。これに、不良在庫、回収不能な売掛金や貸付金、退職給与引当金の積み立て不足額、減価償却不足額等を差し引いて、修正した貸借対照表から算出される時価ベースでの純資産価額を「**時価純資産**」と呼びます。

会社には貸借対照表に計上されていない無形の価値（ブランド力、技術・ノウハウ、販売先等の顧客資産、人的資産等）があります。たとえば、建設業の場合であれば、建設業許可や公共工事の入札参加資格、経審の評点なども、この無形の価値に含まれるでしょう。

時価純資産に、**「のれん代」（＝営業権）**として、実務上、営業利益の2～5年分を足し算して、企業価値を算出します。営業利益の代わりに経常利益や当期利益を使う場合もあります。現状の利益が安定的に推移すると予測する場合には5年分、保守的に考える場合は2年分で計算します。「東京都事業引継ぎ支援センター」の事例では、経験則から1～3年分としています。

図表3-5-1　事業評価算定事例

事業評価算定事例：時価純資産＋のれん代（東京都事業引継ぎ支援センターの例）

1. 時価純資産の算出

時価純資産	
簿価純資産	200
土地の含み損	▲30
保険の解約返戻金	+10
退職給与引当金の未計上	▲20
合計	時価純資産 160 ……①

2. のれん代の計算

損益計算書	
売上高	500
経常（営業）利益	30

景況や業種、成長性によっても異なるが、実質利益の1～3年分をのれん代として計上するケースがある。

経常利益 30 × 2年分 ＝ ②のれん代 60 ……②

3. 企業価値の算出

①時価純資産 160 ＋ ②のれん代 60 ＝ 企業価値 220

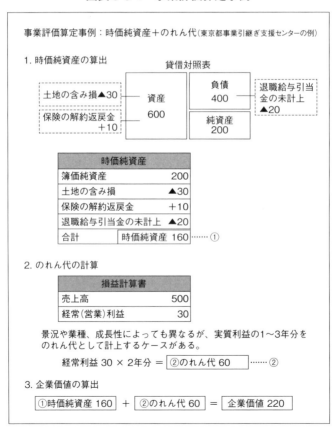

（2）　類似会社比較法

> **企業価値＝時価総額＋純有利子負債**
> **評価対象会社のEV＝評価対象会社のEBITDA×類似会社の「EV/EBITDA倍率」**

M&A関連の指標として覚えておきたいのが、**「EV/EBITDA倍率」（簡易買収倍率）**です。企業を買収した場合、その企業の収益力によって何年で元が取れるのかを表すもので、この倍率が低い企業ほど買収する側にとって割安感があります。通常5倍以下であれば割安感があるとされています。

M&Aにおいては、類似会社の「EV/EBITDA倍率」をベースに、評価対象会社の「**EV（Enterprise Value）企業価値＝時価総額＋純有利子負債**」（イーブイ）を計算する類似会社比較法が主流です。企業は、資本は株主、有利子負債は金融機関から集めた資金で成り立っており、その総額が企業価値「EV」であるという考え方です。

「EBITDA」（イービットダ）は、本章①5. 返済力分析のところで解説していますが、償却前営業利益のことです。

EBITDA（償却前営業利益）＝営業利益＋減価償却費

類似会社の「EV/EBITDA倍率」は、類似会社のEV（企業価値）をEBITDAで割ることで求めます。評価対象会社のEBITDAに、類似会社の「EV/EBITDA倍率」を掛けたものが、評価対象会社のEV（企業価値）と考えます。

通常、類似会社は3～5社選ぶことで、EVの最大値、最小値、平均値等で評価対象会社の幅のあるEVが求められます。そしてこのEVから、純有利子負債（借入金－現預金）を差し引いた金額が、評価対象会社の「株主価値」（理論的な時価総額）ということになります。

この評価方法のメリットは、上場会社の時価総額を使うため客観的であるとされますが、デメリットとしては、類似会社の選択によっては、「EV/EBITDA倍率」が変わるため、EVの変動幅が大きくなる点があげられます。

（３）　DCF 法

事業価値＝フリーキャッシュフローの現在価値
企業価値＝事業価値＋非営業用資産（遊休地、有価証券などの金融資産）
株式価値＝企業価値－有利子負債

事業が生み出す将来のフリーキャッシュフローを予測して、それをある一定の割引率で割り引いて現在価値を求める手法です。**DCF（Discounted Cash Flow：ディスカウント・キャッシュフロー）法**は、M&A における企業価値の算出だけでなく、理論株価の計算、不動産価格の評価にも使われています。

評価対象会社の事業計画に基づいて、将来の計画上のフリーキャッシュフローをベースに現在価値を算定します。具体的には、フリーキャッシュフローを**「割引率」（ディスカウントレートまたはハードルレート）**で割り引いて現在価値とし、その総和を「事業価値」とします。

「事業価値」に非営業用資産である遊休地や有価証券等を加算したものを「企業価値」とし、「企業価値」から貸借対照表に計上されていない債務（オフバランス債務）や有利子負債を控除したものを「株式価値」とするものです。

通常、「割引率」は、株式の期待収益率と国債の長期金利によって計算される**加重平均資本コスト**（**WACC：Weighted Average Cost of Capital**、ワック）が用いられますが、ここでは詳細は省きます。数字の設定は企業によってさまざまですが、日本の大企業の WACC は５～８％とされており、中堅中小企業においてはこの数値を下回ることが多いものと考えられます。

企業の中期経営計画は経営環境が予測可能な 3～5 年程度の期間を基準に作成されますが、この事業計画の信頼性が大きなポイントになります。メリットは理論上正確な数値を出すことができるとされており、世界共通の計算基準であるということです。デメリットとしては、企業の予測成長率とフリーキャッシュフロー自体の予測が難しいこと、「割引率」が少し変わるだけで企業価値が大きく変動してしまうことなどがあげられます。

⑥　不動産の簡易的評価方法

金融機関が融資に際して不動産を担保にとる場合、また事業承継や相続対策で土地・建物を評価する場合、あるいは純資産価値を算定するにあたって企業の土地の含み益を把握する場合など、不動産の価値を見極めることは非常に重要です。所有権・抵当権・借地権などの**権利関係**、都市計画法・農地法・建築基準法などの**公法上の規制**、土地の形状や接面道路の状況など**物件の態様**等、不動産の評価に影響を及ぼす複雑で難しい要因があるため、実務上は、不動産鑑定士や土地家屋調査士といった専門家と連携することになります。ここでは、コンサルタントとして知っておきたい不動産に関する基礎知識と簡便的な評価方法をご紹介します。

（1）　不動産登記の見方

不動産登記とは、不動産に関する権利関係を登記簿に記載し公示する制度です。土地や建物の物理的状況と権利関係は、**法務局**が管理する帳簿（登記簿）に記載され、広く公示されており、誰でも閲覧することができます。

法務局では、バインダー方式の帳簿で管理するところと、コンピュータで管理しているところがあります。コンピュータで管理されている場合、「**登記簿謄本**」のことを「**全部事項証明書**」と呼びます。

不動産登記の全部事項証明書（登記簿謄本）は、①表題部、②甲区、③乙区、④その他、に分かれて記載があります。表題部では、土地の地番・地目・地積、建物の種類・構造・床面積等を確認できます。

甲区では所有権に関する事項、乙区では先順位抵当権の有無とその設定額がわかります。所有者とその移転経歴がわかり、債権者や金融機関との取引状況も把握することができます。

（2）　不動産の評価方法

不動産の評価には、収益物件以外（居宅等）を評価する場合の「**取引事例比較法**」と、収益物件（賃貸物件等）を評価する場合の「**収益還元法**」が一般的に用いられます。

①　収益物件以外

適切な取引事例を選択し、時点修正（売買時期による時価変動補正）や地域要因や個別要因の比較を行って価格を決める「**取引事例比較法**」が用いられます。これは不動産鑑定理論上のことであり、一般的には、土地については、路線価をもとに**公示価格**を推定して概算額をざっくり計算するのが有効です。そして、建物については**固定資産税評価額**により評価します。

②　収益物件の場合（賃貸ビル・賃貸マンション等）

収益物件について、その不動産の収益性に着目して評価する方法です。その不動産から将来得られる価値を、現在価値に割り引いて評価します。

「収益還元法」には、「**直接還元法**」とディスカウントキャッシュフローを計算する「**有期還元法（DCF 法）**」と呼ばれる方法がありますが、簡便法である「直接還元法」を理解しておく必要があります。

（3）　宅地の評価で使われる路線価図と評価倍率表

路線価は、道路（路線）に面する標準的な宅地の1m^2当たりの価額（千円単位で表示）のことで、路線価が定められている地域の土地等を評価する場合に用いられます。路線価は、国税庁のホームページで確認できます（178 ページの図表 3-6-2「宅地・建物の評価方法」参照）。

角地や複数の道路に面していたり、土地の形状によっては、奥行き価格補正率や側方路線価影響加算率、セットバック部分による減額等によって若干評価額が変わります。概算額を把握する場合には、単純に「前面道路の路線価×土地の面積」で、ざっくりと計算します。

路線価が定められていない地域については、その市町村の「**評価倍率表**」を用います。

相続税評価額は、通常公示価格の８割程度の水準であるところから、相続税評価額を 1.25 倍すれば、公示価格が推定できます。これに加えて、近隣の売買事例等も参考にして土地の時価評価の概算額を把握することができます。

建物は、金融機関が担保評価を行う場合には、再調達価格を基準とする経年原価法が用いられますが、一般的には、固定資産税評価額により評価します。企業が金融機関から金融支援を受ける際には、経営改善計画書を策定しますが、不動産全体の評価について固定資産税評価額を用いるケースがあります。

なお、個人の相続税を算定する際には、小規模宅地の特例を適用する場合、土地の面積 330 m^2 まで 80% 減額が可能となりますので、土地の評価にあたっては、時価評価額と実際の相続税評価額とは異なってきます。事業承継や相続対策の場面で相続財産を算定する場合には、特例の適用等があるので注意が必要です。

（4）　直接還元法

$$物件の投資価値＝\frac{ネットインカム}{期待利回り}$$

収益物件の場合、収益物件から得られる収益に対する投資利回りを計算し、物件の評価（＝投資価値）を把握することになります。

ネットインカム（純営業収益）は、賃料等の年間収入から維持管理費、修繕費、公租公課、損害保険料、空室等損失相当額などの支払を差し引いた利益のことで、減価償却費や借入返済金、利息等は含めません。

賃貸用不動産の期待利回りは、マイナス金利時代にあって、一般には５～７％というところです。つまり、ネットインカムの14.3倍から20.0倍が、評価額の範囲の目安ということになります。

物件が新しく付帯設備が良ければ、修繕費がかさんだり、空室になるリスクは低くなります。また周囲の環境や競合物件によっては、賃料に影響が出てきます。地域によっても期待利回りは違ってきます。なお、収益物件であることから、土地建物まとめて同時に評価することになります。

たとえば、期待利回りを6.0％と設定し、年間の賃料収入が150万円、年間経費（維持管理費・修繕費・公租公課・損害保険料・空室等損失相当額等）が20万円だったとすると、ネットインカムは130万円、収益価格は2,167万円になります。

（150万円－20万円）÷0.06≒2,167万円

図表 3-6-1　一物四価

１つの土地に４つの異なる価格があることを、一物四価といいます。地価を評価する場合に、時価(実勢価格)、公示価格、相続税評価額(路線価)、固定資産税評価額の４つの価格があります。

時価(実勢価格)……　実際に取引された価格あるいは取引される価格。

公示価格　……　特別な事情がない場合の適正な取引価格とされており、土地取引の指標といえる。
国土交通省が、全国に定めた地点（標準地）を対象に、毎年1月1日時点の価格を、３月に公表する。

相続税評価額(路線価)　……　相続税の課税標準額を求めるためのもの。
国税庁が、毎年１月１日時点の価格を、７月に公表する。
公示価格の8割程度となっている。

固定資産税評価額　……　固定資産税の課税標準額を求めるためのもの。
市町村長(東京都区部は都知事)が、３年に１回の1月1日の価格を、３月に公表する。
公示価格の7割程度となっている。

（イメージ図）

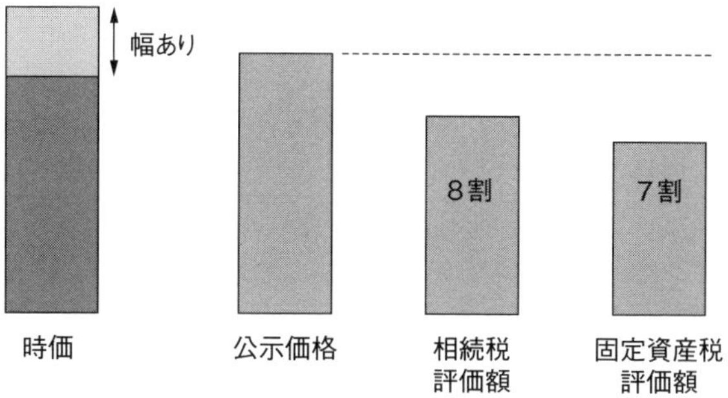

図表 3-6-2　宅地・

(1) 宅地

【路線価方式】

・路線価が定められている地域の評価方法。
・路線価とは、道路(路線)に面する標準的な宅地1m²当たりの価額。
・国税庁のホームページ(www.rosenka.nta.go.jp)で確認できます。「財産評価基準書」の「路線価図」を選び、市区町村の路線価図を開きます。
・宅地の形状等に応じて調整率を使いますが、ここでは、概算額を把握するため、単純に、前面道路の路線価×土地の面積で計算します。

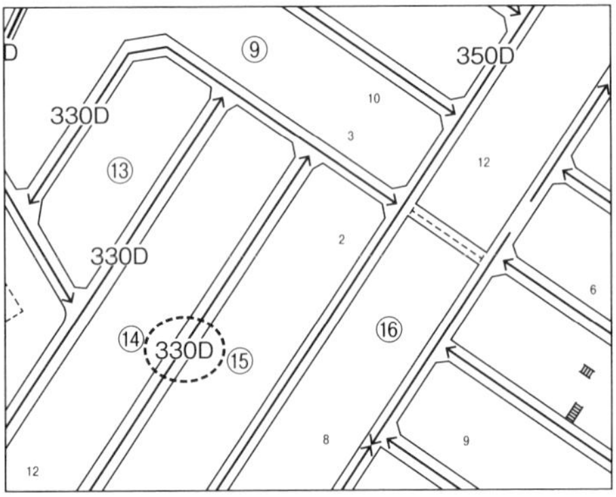

・O印の数字は、番地
・数字(330D)が矢印の間の道路に面する標準的な宅地の1m²当たりの評価額(千円単位)を示す。この場合は、1m²当たり33万円。
・記号(D)は、借地権割合を示す。この場合は60%。
・自宅の敷地(自用地)の面積が、180m²であれば、相続税評価額は次のようになります。

路線価		面積		評価額
33万円	×	180m²	＝	5,940万円

建物の評価方法

【倍率方式】

・路線価が定められていない地域の評価方法。
・原則として、その宅地の固定資産税評価額に倍率をかけて計算します。
・固定資産税評価額は、「納税通知書」で確認できます。
・倍率は、国税庁のホームページ(www.rosenka.nta.go.jp)で確認できます。
「財産評価基準書」の「評価倍率表/一般の土地等用」を開きます。
・固定資産評価額×倍率で計算します。

平成○年分　　倍　率　表　　1頁

市区町村名：△△市△区　　△△税務署

音順	町(丁目)又は大字名	適用地域名	借地権割合	固定資産税評価額に乗ずる倍率等						
				宅地	田	畑	山林	原野	牧場	池沼
			%	倍	倍	倍	倍	倍	倍	倍
あ	あ○○○	全域	—	路線		比準	比準			比準
	あ○○	全域	—	路線		比準	比準			比準
い	板○○町	農業振興地域内の農用地区域			純 3.3	純 5.9				
		上記以外の地域	30	1.1	中 5.2	中 9.8	中 14	中 25		2.1
お	大○○町	農業振興地域内の農用地区域			純 7.5					
		宅地の固定資産税評価額1m²当たり19千円以上の地域		1.0	中 9.7	中 15	中 13	中 17		2.5

・表の数値(1.1)が倍率。
・自宅の敷地(自用地)の固定資産税評価額が1,000万円であれば相続税評価額は次のようになります。

固定資産税評価額		倍率		評価額
1,000万円	×	1.1	＝	1,100万円

(2) 建物

・原則として、固定資産税評価額により評価します。
・固定資産税評価額は、「納税通知書」で確認できます。

コラムⅤ

良い戦略は単純明快

リチャード・P・ルメルトは、その著書『良い戦略、悪い戦略』（村井章子訳／日本経済新聞出版社）の中で語っています。

「良い戦略は必ずと言っていいほど、単純かつ明快である。パワーポイントを使って延々と説明する必要はないし、戦略マネジメントツールだとか、マトリクスやチャートといったものも無用だ。必要なのは目前の状況に潜む1つか2つの決定的な要素、すなわち、こちらの打つ手の効果が一気に高まるようなポイントを見極め、そこに狙いを絞り、手持ちのリソースと行動を集中すること、これに尽きる」と。

1990年、イラク軍がクウェート侵攻して始まった湾岸戦争では、多国籍軍を率いる米国中央軍司令官ノーマン・シュワルツコフ大将は、空・陸の両面作戦を採用しました。空爆でイラク軍の戦闘能力を半減させた後、地上戦では、敵左側方から攻撃を集中する「左フック作戦」を展開し、地上戦をわずか100時間で終結させました。いわゆる「砂漠の嵐作戦」です。

戦争終結後、シュワルツコフが行った記者会見の席上で、実際の地上戦のシンプルな戦略と大きな成果が明らかにされました。ナポレオンも得意とした「側面攻撃」は教科書に出てくるような定石中の定石であり、それが現代の実際の戦闘で行われたこと、そして多国籍軍のような複雑な組織が一点集中の行動をとれたことに多くの軍関係者、軍事評論家が驚きました。

戦争の是非はともかく、実際のビジネスの現場やコンサルティングの場面でもまさに示唆に富む内容といえます。戦略・戦術は何よりもまず、基本に忠実であること、単純明快であること、そして、あれもこれもと欲張りな資料やリストを作成する一方で、リソースを集中投下して組織本来の強みを発揮する必要に目をつぶっていないか、常に自問自答していきたいものです。

第4章

コンサルティングのケーススタディ

●ケーススタディで学ぶアウトプットの仕方

これまで、実際のコンサルティングにあたってのロジカルシンキング、フレームワークの使い方、そしてオーソドックスな財務分析の手法を駆使して効率的に企業診断を進めることについて述べてきました。

それでは、実際の経営診断報告はどのようにまとめていくのでしょうか。コンサルタントには守秘義務があり、企業の内部資料は顧問先の了承を得られない限り公表されることはありません。日の目を見ないのが通常なのです。

また、大学やビジネススクールで学ぶケーススタディは、大手企業や外国の成功企業のモデルケースを事後的に取りまとめており、学習効果を上げるためには参考になりますが、中堅・中小企業のコンサルティングにおいては当てはまらないことが多いのも実情です。現実の中小企業では、経営理念はおろか年間の販売計画や人事労務管理もなされていない企業が意外に多いのです。したがって、中小企業の診断の方法も多岐にわたり、結果としての経営診断報告書も、100ページを超える場合もあれば、パワーポイントで数枚にまとめプレゼンテーションを行う場合もあります。

本章では、フレームワークによる診断のポイントを明らかにして、コンサルティングの実例をケーススタディとして示しています。

なお、紙面の都合上、実際にあった診断実例の中からそのエッセンスを抽出しており、企業名その他を伏せております。また、診断当時と比べ、経営を取り巻く外部環境、経営上の諸数値等が異なっている点、さらに、編集の関係上、若干の削除・修正を加えている点をご了承いただきたいと思います。

コンサルタントは、指導者というよりはむしろ相談者であるべきだと思います。直面する現状の分析や改善提案は、極めてシンプルかつ、簡潔を旨とします。数字は重要ですが、指標分析をしても経営者にはあまり興味をもっていただけないのが実情です。それよりもむしろ、１つでも２つでも、経営者が即実行に移せるアドバイスをいかに実感してもらうかどうかが大切です。

① 純喫茶「I《アイ》」の復活

本ケースは、ご夫婦で経営する地方都市の駅前の喫茶店です。

診断にあたって活用したフレームワークは、④3C分析、⑤マーケティングミックスの4P、⑥ABC分析、⑧ポジショニングマップ、⑨アンゾフの成長ベクトル、⑪SWOT分析です。

1. 診断先概要

事業所名：純喫茶I《アイ》
設　　立：19xx年12月
元 入 金：500万円
事業内容：喫茶店
売 上 高：800万円
従 業 者：2名（ご夫婦で経営）

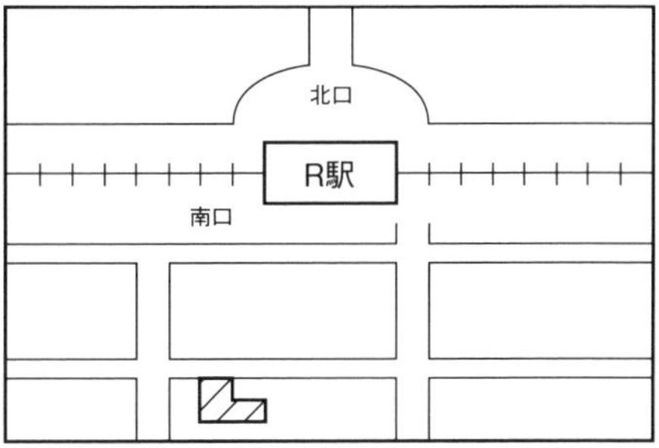

2. ケース

「純喫茶I《アイ》」は、30年続いてきた喫茶店です。50歳代後半のご夫婦二人で経営していますが、ここ数年売上高が低迷しており、創業30周年を前に、何とか立て直しを図りたいところです。長男はすでに就職しており、家業を継ぐつもりはないようですが、長男の婚約者がお店のお客様がまばらなことを心配して、コンサルタントに対し経営診断を依頼してきました。

「純喫茶I《アイ》」は、地方都市P市Q区、私鉄沿線のR駅前から徒歩5分のところに位置します。駅北口（山側）はロータリーのある繁華街で、近くには私立大学もあり、それなりににぎわいをみせています。

当店のある南口（海岸側）は、１つしかない改札口からは反対方向にあるので、駅前の好立地にはあるものの、人通りは多くないようです。かつては南口のほうが、にぎわっていましたが、３年ほど前にスーパーや電化製品小売店が北口方面へ進出してきてからは北口側が発展し、南口は住宅街も多いところから、商業施設の出店は少なく、人の流れも北口に集中するようになっています。

当店の入口は１カ所。店内はＬ字型で32席が配置され、店舗面積は約60 m^2 です。店内の壁面も椅子もクリーム色で、落ち着いた雰囲気です。以前ゲーム機器を内蔵していたガラス張りのテーブルを覆った形跡のあるテーブルが２台あり、設備の更新を怠っているのがわかります。

入口は自動ドアが開閉するだけの間取りで、入口横にあるクーラーの室外機が邪魔になり入りにくい状況です。緑色の泥よけマットもいかにも古めかしく、つまずいてしまうお客様もいます。

営業時間帯は朝の６時から夜８時までの14時間営業で、定休日は第２・第４土曜日の月２回。それ以外は、お盆とお正月３が日を含めてご夫婦で休みなく働いてきたということです。

10年ほど前にご主人が軽い脳梗塞を患ってからは、無理をせずに細々とつづけてきています。入口付近にレジコーナーがあり、黄ばんだメニューには「モーニングサービス　Ａ＝トースト・コーヒーセット　300円、Ｂ＝サンドイッチ・コーヒーセット　350円」と掲示されていますが、貼っているセロテープがセピア色に乾いて、下から紙がめくれあがっています。

最近はご主人の体調も回復してきており、昔のようにはいかないものの30周年を機にもう一花咲かせたいというのが、ご主人の意向です。人のよさが一目でわかる温厚な感じのご夫婦で、何とか力になってあげたいというのが初対面の印象でした。

3. 診断

（1） 現状分析

まず、3C分析として、顧客（＝市場）・競合・自社の観点から現状を把握します。

① 近隣調査

駅北口から徒歩10分程度のところにある私立大学は、学生数約2,000名で、全盛期には当店は学生で一杯のときもあったということですが、最近は学生の利用は少ないとのことです。

駅の乗降客数や区内の昼間・夜間人口の過去5年間の推移を調べ、趨勢的には衰退地域ではないと判断しました。

住宅地図と住民基本台帳から、店舗周辺1km圏内（＝徒歩15分のアクセス）の世帯数を把握したところ約6,300世帯でした。平日1日だけでしたが、通行量調査を実施しました。それによれば、6時〜20時の営業時間帯に当店の前を通る人（自転車含む）は約2,700人（1時間当たり193人）でした。一般の商店街表通りの平日の通行者数が2,500〜4,400人（1時間当たり208〜367人）とされているので、多いほうではありませんが、営業時間が長いことから十分カバーできそうです。

② 競合店分析

R駅周辺の直接の競合店は4店あげられます。いずれも当店から徒歩8分（＝直線距離にして500m）以内のところに位置し、食事とコーヒーを提供できる店舗を競合店としました。

これらの競合店についてポジショニングマップを作成しました（**図表4-1-1参照**）。当店はこれまで、家庭的な味のメニューを中心に、なじみの固定客によって支えられてきたことが推測されます。

図表 4-1-1　競合店のポジショニング分析

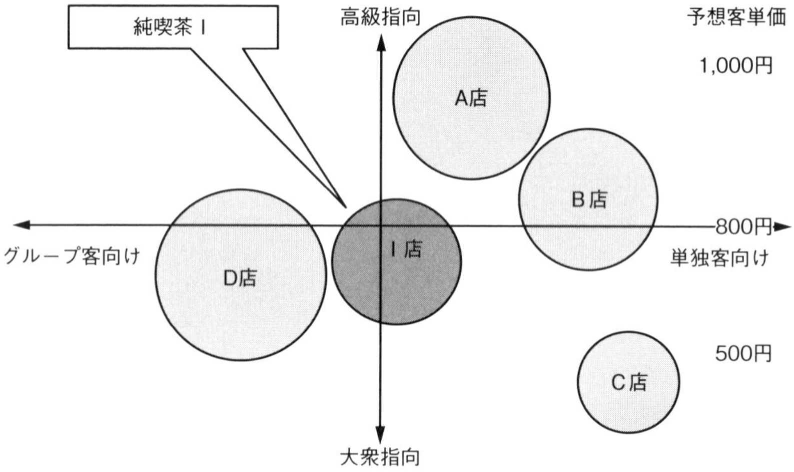

（円の大きさは売場面積をイメージ）

【競合店の特色】

競合店	特　色	主力メニュー
A 店	店内は落ち着いたムード。特定分野の料理と飲み物の充実を図っている。 エリアの中では高級感を持つ。	・フレンチグルメシリーズ ・カフェオレ
B 店	比較的落ち着きのある内装。特定分野の素材と品質にこだわり、愛好者に支持されている。	・イタリアンランチ ・カプチーノ
C 店	コーヒーチェーン店。北口の繁盛店。 モダンな雰囲気を備えており、若年層に受け入れられている。客席数は少ない。	・カフェラテ ・クロワッサン ・クッキー
D 店	大人数の収容が可能。古くから地盤を築いており、大衆的で和食の定番メニューが支持されている。	・和定食 　コーヒーサービス付
I 店 (当店)	中人数の収容規模の店舗。家庭的な味を中心としたメニューで、なじみの固定客により支えられている。	・カレーオムライス ・カプチーノ

また、ご主人自慢のこだわりのコーヒーは、B店の主力のカプチーノと競合していましたが、十分競争力のある味をもっていると思われました。

③ 自店の雰囲気・メニューの分析

コンサルタントの主観をできるだけ排除するために、アルバイトを雇って、当店の雰囲気およびメニューに関するモニター調査を実施しました。

モニター調査員の構成は次のとおりです。

・OL 2名、主婦2名、50代男性1名、女子大生2名、男子学生3名の合計5組10名。

モニター調査の結果は、次のとおりでした。

＜店の雰囲気について＞

・あまり行きたくないか、二度と行きたくない感じ

・学生ひとりで入るにはよいかもしれない

・女性は入りにくい

・接客の対応が遅い

＜メニューについて＞

食事・デザートの主なメニューに関して、お店の人には内緒でモニター調査員に実際に食事をしてもらいました。

一人5点の5段階評価をした結果は次のとおりです。

コーヒーぜんざい	50点	カレーオムライス	42点
カプチーノ	43点	プレーンオムライス	40点
		ビーフシチューオムライス	38点
		クリームシチューオムライス	38点
		……	
		スパゲッティ	30点
		スタミナ定食	29点

コーヒーぜんざいの名前はぱっとしませんが、老若男女を問わず満点獲得の一番人気でした。また、ご主人の得意とする30年来のこだわりのカプチーノはまずまずの評価でした。

主力商品は、コーヒー、紅茶、ソフトドリンク類。軽食としては、オムライス、スパゲッティ、カレーライス、スタミナ定食といったところです。

モニター調査員に人気のコーヒーぜんざいは、メニューの一番下に記載されていたこともあり、他のお客からはほとんど注文がありませんでした。

メニューは豊富ですが、多品種少量販売のため、利益管理はもとより個品の販売数管理もできていません。また、コーヒーを除けば、仕入の費用がかさみ、ロス率の高いことが判明しました。

喫茶代の支出額は、1世帯当たり年間平均で6,000円程度であり、マクロ的には今後大きな伸びは見込めませんが、ミクロ的には、当店は早朝6時から開店していることもあり、モーニングセットの客数が安定していました。

コーヒーの原価が安いといっても、客数が増えなければ売上・利益に貢献しませんし、食事メニューだけでは売上が伸びても利益率が低下します。メニューのバランスをとる必要があります。毎日の売上個品を記帳し、原価の管理を大まかでよいから毎日行うこと。そして、月々の売上高の把握とともに食事・飲み物・モーニングセットに3区分した売上高・注文数・来店数を把握するよう指導しました。

図表4-1-2　1日当たりのメニュー別売上高の構造

	売上	注文数	売上比率
食　事	10,200円	17	44.4%
飲み物	7,840円	28	34.1%
モーニングセット	4,950円	15	21.5%
合計	22,990円	60	100.0%

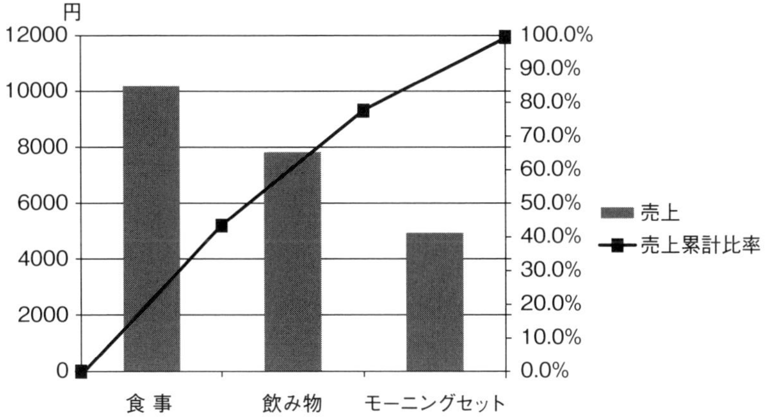

④ 財務面の分析

財務の状況の直近のデータは、次のとおりです。

売上高	65 万円	（直近の月間売上高）
仕入原価	30 万円	
店舗家賃	16 万円	
その他の経費	15 万円	
借入金返済	2 万円	（借入金残高　約 100 万円）
利　益	2 万円	

ここ数年、売上高は低迷しており、直近の利益水準はひどい状況でした。まさに経営難であり、それもかなりの重症です。損益分岐点分析等の財務分析を行うどころか、店をたたもうかどうかという状況でした。

経営改善程度では、立て直しはとても無理であり、抜本的な経営改革の必要性があることを店主に告げました。ご夫婦ともにやる気はありますが、手立てがなく、資金的な余裕もありません。

そこで、

①　お金をかけないで、まず自分たちでできることから始める
②　お金をかけるべきところにはシッカリ資金投下をしていく
③　お客様を迎え入れるという原点に立った店づくりを行う

の3つのポイントを大前提に改革を進めることになりました。

（2）　問題点・課題の抽出

当店の現状を把握するためにSWOT分析を行うと、**図表4-1-3**のようになります。経営者の理解を得るようにできるだけ、シンプルに表記しました。

図表4-1-3　純喫茶「I」のSWOT分析

【S：強み】 ・駅南側の好立地 ・独自のメニュー提供力 ・周辺住民になじみの固定客が多い	【W：弱み】 ・売上高、利益が低水準 ・ヒット商品がない ・店舗、室内が老朽化している ・後継者がいない
【O：機会】 ・創業30周年 ・インターネットの普及	【T：脅威】 ・コーヒーを飲む場としての存在感の希薄化 ・他店との競争激化

当店のような零細店舗では、

①　経営の多角化は極めて難しい状況にあること
②　既存顧客浸透は、限界があるものの即効性があること
③　新商品開発の必要性は高いが、現実的に対応すべきであること
④　新顧客開拓は大学に近い喫茶店に再着目し対策を打つこと

という観点から、今後の当店の成長ベクトルを**図表4-1-4**のようにまとめ、改善策の方向性を確認します。

図表 4-1-4 アンゾフの成長ベクトルからみた当店の今後の方向性

	既存商品	新商品
既存顧客	【既存顧客浸透】 ・既存メニューを見直し選択と集中を行う ・周辺住民への PR、店舗のリニューアル ・なじみ客の確保	【新商品開発】 ・当面は、既存メニューの改良で対応する
新規顧客	【新顧客開拓】 ・インターネット HP の開設で駅北口の学生顧客層を呼び込む ・店前を通過する顧客を呼び込む	【多角化】 ・業態変更および立地変更はリスクが高く現実的ではない

当店における1日当たりの客席回転数は2回転未満、1客席当たり年間売上高も 27 万円未満であり、喫茶店の経営諸指標にはあらゆる点で遠く及びませんが、それだけに、やり方によってはまだまだいけるという手応えはありました。

(3) 改善提案と実行策

次に、4Pの視点から、具体的・付帯的な改善提案を実行可能な範囲で、モレのないよう考えていきます。

図表 4-1-5 4Pの視点からの改善策

Product(商品)	・メニューの見直し ・セットメニューの導入 ・目玉商品の設定
Price(価格)	・競合店を考慮した新価格の設定 ・オープンセールでの低価格販売
Place(場所)	・店舗の改装 (創業 30 周年リニューアル) ・店内の POP 広告の工夫
Promotion(販売促進)	・インターネット HP の開設 ・リニューアルオープンのビラ配り

以上から、店主とも相談し、実現可能で有効な手立てに絞って取り組むことにしました。

実際の改善提案・改善実行策をまとめると、次のとおりです。

①　メニューの絞り込みと変更
②　投資額の決定と資金調達のアドバイス
③　入口の改装、レイアウト・内装の変更
④　周辺住宅地域へのチラシ投函、大学前でのビラ配り
⑤　インターネットHPの開設
⑥　その他

それぞれについて、もう少し詳しくみていきましょう。

①　メニューの絞り込みと変更

当店の診断時点の売上原価率は約40%台でした。これを喫茶店の平均的な原価指標である25%までの圧縮を目指します。主要商品の原価率は、コーヒー15%、コーヒーぜんざい25%、軽食40%前後に設定し、収益の見込める商品構成に再編、売れ行きの悪い商品を思い切って減らしました。

利益率が比較的高いオムライスのバリエーション（前述のモニター調査にもあるとおり、カレー・プレーン・ビーフシチュー・クリームシチューの4タイプのオムライス）を主力に据えて、その他のフードメニューは統合削減し、飲み物も含めて約40種類あったメニュー数を30%カット、30種類以下に絞り込みました。そして、カプチーノは、単品でも販売しますが、オムライスとセットメニューにした場合の値段を若干下げるようにし、コーヒー専門店の価格帯との競争力を維持しつつ、トータルでの客単価を上げるようにしました。ただし、原価率を下げるために、フードメニューより飲み物メニューの販売を重点としますが、食事の原価低減も工夫を要します。

当然のことですが、「コーヒーぜんざい」は、メニューの一番上に目立つ

ように記載し、名称も「当店自慢の珈琲グリューエル」として、使うコーヒー豆の原材料をワンランク上げ、砂糖の使用を控えて、新商品として主に女性向けに売り出したのです。ここはご主人のこだわりを生かしました。

「なじみの固定客メモ」を整備することで、材料の仕入れをこれまでの経験から実績を重視して効率化しました。ただし、効率性を優先しすぎると現場感覚としての人間のやる気が失せる点に留意して、お客様に喜んでもらうという店づくりのコンセプトを尊重し、周辺住民のなじみの固定客から旧メニューのオーダーがあったときには、店主の判断で柔軟に対応するということにしました。普通の飲食店の場合、1日に何度も利用することはありませんが、喫茶店の場合はそれが可能で、固定客は大切にしなければなりません。

② 投資額の決定と資金調達のアドバイス

事業計画を立案するにあたっては、業種ごとの経営指標を参考にしますが、零細店舗の場合、それらの数値が当てはまらない場合も出てきます。実態に即しながら整合性のある無理のない事業計画を立てないと、希望的観測だけでは事業継続のリスクがあり、金融機関の信頼を得ることもできません。

当面5年間の事業計画を策定したのが図表4-1-6です。厨房の一部の設備更新も含めて改装にともなう借入金は500万円とし、すでにある借入金残高100万円と合わせて合計600万円の借入金返済計画を立てました。原価率の達成がかなり厳しい水準ですが、喫茶店の目標値として掲げ、全体として実現可能な数値かどうかについては店主ともじっくり相談しました。

地域内の金融機関への融資の相談にも同行しました。返済能力や事業が好転する可能性があることを示す判断材料として、文書による経営改善計画書、5年間程度の事業計画と借入金返済計画、さらに改装直前・直後6ヵ月分程度の詳細な資金繰り表を提出しました。

最終的には政府系金融機関による当時の制度融資の条件に合致し、借入金500万円（1年据置4年分割返済、年利率2.0%、無担保）の融資実行に至

図表 4-1-6　今後5年間の事業計画

事業計画および借入金返済計画の概要

（単位：万円）

		1年目	2年目	3年目	4年目	5年目
売上（収入）		1,100	1,300	1,300	1,300	1,300
	売上原価	275	325	325	325	325
差引金額（売上総利益）		825	975	975	975	975
	減価償却費	100	50	25	12	12
	地代家賃	192	192	192	192	192
	人件費	100	0	0	0	0
	店主給料	160	180	180	180	180
	支払利息	12	11	9	6	3
	その他	246	260	260	260	260
	改装費用	300	0	0	0	0
経費（販管費）		1,110	693	666	650	647
差引金額		▲285	282	309	325	328
専従者給与		100	120	120	120	120
控除前所得金額		▲385	162	189	205	208

翌期繰越	▲385	▲223	▲34	171	379

減価償却費	100	50	25	12	12
借入金返済額	0	125	125	125	125
借入金残高	600	475	350	225	100

簡易資金繰り表

（単位：万円）

	1年目	2年目	3年目	4年目	5年目
（収入）					
現金	1,100	1,300	1,300	1,300	1,300
借入金調達	500				
計	1,600	1,300	1,300	1,300	1,300
（支出）					
仕入支払	275	325	325	325	325
人件費支払	360	300	300	300	300
販管費支払	438	452	452	452	452
支払利息	12	11	9	6	3
改装費	500	0	0	0	0
借入金返済	0	125	125	125	125
税金等支払	0	0	35	56	60
計	1,585	1,213	1,246	1,264	1,265
翌期繰越	15	102	156	192	227

りました。

③ 入口の改装、レイアウト・内装の変更

12月7日から約2週間を内装工事の期間とし、12月20日が30周年リニューアルオープンの日となりました。

改装の費用としては、当初700万円の見積りでしたが、収支計画をにらみつつ500万円以内に抑えました。息子さんが大工さんであるということもあり、知り合いの設計事務所や工務店に依頼し、極力安くしていただきました。また息子さんの婚約者はデザイン学校の出身ということもあって、店の看板をデザインしてもらい、看板は息子さんが大工さんとしての腕をふるいました。外装はインパクトがあり目立つようなものにし、そして店内装飾、照明、POP広告等、内装はお客様にくつろぎを与えるために、雰囲気に重点を置きました。

④ 周辺住宅地域へのチラシ投函、大学前でのビラ配り

お店の休業期間中は、周辺住宅地域へのチラシ投函と駅北口にある大学前でのビラ配りを行いました。ご夫婦はアルバイトを雇うつもりでしたが、そんなところにお金はかけられないこと、それも自ら額に汗して、1回や2回ではなく3回以上チラシ投函を行うことを指示しました。自分たちでやらないと再建はおぼつかないことを伝え、危機感を持っていただいたのです。

⑤ インターネットHPの開設

当初、近隣調査をしたときから、駅北口にある大学の学生を何とか店に呼び込めないかを考えていました。「大学の学部の一部移転があって来客数は減ったことは確かだが、先輩から後輩への口コミによるお店の紹介がなくなったことも一因ではないか」という仮説から、今後大学前のビラ配りに代わるものとして、HPの開設を検討しました。

ちょうどご主人が大学の前でビラ配りをしているときに、10人程度のゼミで時間貸しが可能かという質問を受けたこともきっかけになりました。問題解決のヒントはやはり現場にあったのです。

お店の形状は、L字型であり、奥には10名程度が入れるスペースが十分あること、昼食時・夕食時の時間帯を除けば客数はまばらであることから、スペース貸しを行うのではなく、団体使用予約受付を打ち出してみてはどうかというものです。喫茶店本来の役割である「場所提供業」に考え方を改め、試すことになりました。

今でこそHPは当たり前になっていますが、診断当時はまだHPを開設しているお店はなく、大学生向けにはヒットするのではないかという密かな期待もありました。HPにはお店とメニューのPRと同時に団体使用について“応相談”の一文を入れ、店内スペースの写真を掲載しました。

⑥　その他

接客の基本として、「3S（SMILE SINCERITY & SPEED＝笑顔と真心で、迅速な対応）」をスローガンとして掲げ、徹底しました。さらに改装の立案段階では周辺事業用店舗の家賃相場を把握しつつ、次期更改時以降の家賃の値下げ交渉を行い、後日実現に至りましたが、当初の事業計画には数値としては反映させていません。

こうして「純喫茶I《アイ》」は、無事30周年リニューアルオープンにこぎつけ、新装開店の初日にはなじみ客がご家族をともなって来店してくれるなど、予想外の繁盛となりました。改装後は、来客数が大幅に増え、売上高も順調に推移して、当初計画を上回る経営計画を達成することで、借入金を返済することができました。ご夫婦だけなく、息子さんとその婚約者が力を合わせて新たな店をつくろうという願いと熱意と粘りが、お客様に伝わり、「純喫茶I《アイ》」の復活を成功に導いたのだと思います。

本節を締めくくるにあたり、「**経営改善に関しての基本的認識**」のワークシートを紹介します。「沿革・コアコンピタンス（中核となる強み）・これまでの取組・事業環境の変化・現状・経営上の重要課題」の６項目を、A４用紙１ページにまとめるものです。経営改善に関する考え方を整理するうえで非常に有効になります。今後のコンサルティングにぜひ活用ください。

図表 4-1-7　経営改善に関しての基本的認識

●沿革

・19××年創業
・元入金500万円の喫茶店
・30年間地元に定着
・家族経営のなじみやすい店として発展
・長男はいるが家業を継ぐ意思はない

●コアコンピタンス（中核となる強み）

・経営者ご夫妻の地元密着型の営業活動
・家庭的な味を中心としたメニューで固定客を確保
・早朝から夜間まで営業し、住宅街住民やサラリーマンを取り込んできた

●これまでの取組

・店主のこだわりのカプチーノが評判
・豊富なメニュー
・モーニングセットの客数が安定している

●事業環境の変化

・商圏の移動に伴う利用客の減少
・既存客の高齢化による利用頻度の減少
・若手顧客層の取り込み減少
・店主の高齢化、健康不安
・店舗の老朽化による魅力度の低下
・新業態の競合店の進出

●現状

・メニュー過多による労働負荷、コスト軽減の必要性
・既存顧客への商品訴求力の不足
・新たな顧客への店舗訴求力の不足

●経営上の重要課題

・メニューの絞り込みと重点販売商品の設定
・店舗改装投資計画の策定と実施および借入先の確保
・新装開店のためのオペレーション
・若年顧客層の新規獲得とリピート化

②　Y製作所の診断報告書

本ケースは、東京に本社と本社工場、北関東に第2工場を持つ精密機械器具メーカーです。診断にあたって活用したフレームワークは、②5フォース分析、⑩PPM分析、⑪SWOT分析、⑫バランススコアカードです。

実際に診断先企業へ提出した「診断報告書」は100ページに及ぶものでしたが、本節はその要約版というべきものです。

なお、改善提案の内容については軸出しとしての項目のみを記載しており、具体的な改善内容については詳述しておりませんので、ご了承ください。

1.　診断先概要

事業所名：Y製作所株式会社
設　　立：昭和40年4月（法人化：昭和55年4月）
資 本 金：1,700万円
事業内容：精密機械器具製造業
売 上 高：4億1,650万円
従 業 員：46人

2.　ケース

「Y製作所」は東京都下に本社と本社工場、北関東に第2工場を持つ、精密機械器具用部品、パソコン周辺機器用部品の精密加工を得意とする企業です。先代社長が1965（昭和40）年に創業し、カメラ用部品の精密加工を開始しました。1980（昭和55）年に有限会社として法人化しました。その後、マシニングセンターなどの設備の導入を進め、加工精度の向上と生産能力の増強に努めてきました。1995（平成7）年に株式会社化し、生産管理システムをコンピュータ化、2000（平成12）年には北関東に第2工場を増設し、増産体制を構築してきました。

「日々の努力を怠らず、お客様に誠実に」をモットーに、顧客の期待に応えるために常に高度な加工技術に挑戦しており、さらなる飛躍を期したいという思いが、2代目社長にお会いしたときに伝わってきました。

「Y製作所」は高度な精密機械を使用して作業しなければならず、「社員のスキル」が重視される会社ですが、社員の定着率が悪く、技術力、作業能力、スキルの向上が課題でした。ところが、高齢の技能管理者の管理能力が弱かったのです。そこで、その管理者2名を人事考課制度からはずし、スキルの伝承だけに注力させるとともに、新進気鋭の若手を新規に管理者に登用しました。

また、新たに、「コンピテンシー評価制度」を導入し、社員教育を徹底強化、社員満足度の向上に注力しましました。その結果、現在では、若手社員の技術力が大きく伸びて定着率も向上、登用した管理者も飛躍して活躍しています。

3.　診断報告書（要約）

図表 4-2-1　Y製作所の診断フローチャート

経営者ヒアリング	外部環境分析 （5フォース）	内部環境分析 （財務分析・PPM）

SWOT分析

S：強み	W：弱み
・大手メーカーとの良好な関係 ・切削技術力 ・３D-CADや加工設備の充実 ・銀行からの信用力が高い ・充実した生産管理システムの保有	・営業体制が不十分 ・生産余力の不足 ・仕上がり品質のクレームが多い ・従業員の定着率が低い ・売掛金回収サイトが長い ・1人当たり年間売上高が低い
O：機会	**T：脅威**
・医療用機器の需要増加 ・デジタル一眼レフカメラの需要増加 ・精密加工ニーズ ・精密測定機器の受注引き合いの増加	・短納期要請 ・かんばん在庫の保有要請

経営課題

・1人当たり売上高増加 ・運転資金のバランス ・製品別の収益性把握 ・棚卸回転期間の圧縮	・進捗管理の強化（D） ・生産余力拡大（D） ・見積作成（D） ・仕様確認方法（Q） ・適正在庫管理（C）	・積極的な採用活動 ・従業員定着率向上 ・営業の強化 ・教育体系の明確化 ・就業規則の見直し

改善目標

5年後売上高8億円（従業員1人当たり売上高で同業平均を超える）

改善提案

業績評価指標（目標）の設定

・売掛債権回収ｻｲﾄ短縮 ・仕入れ方法見直し ・管理会計導入準備 ・損益分岐点分析の実施	・段取り回数削減 ・従業員の多能工化 ・見積業務の標準化 ・仕様作成時の情報共有 ・ＱＣサークル活動 ・納入リードタイム短縮 ・在庫の上流寄せ ・ベテラン社員による精密加工、段取りスキル伝承	・知人紹介制度導入 ・「実践型人材養成システム」の活用 ・チューター制度導入 ・資格取得補助の充実 ・営業部門の組織化 ・階層別教育の体系化 ・コンピテンシー評価制度の導入

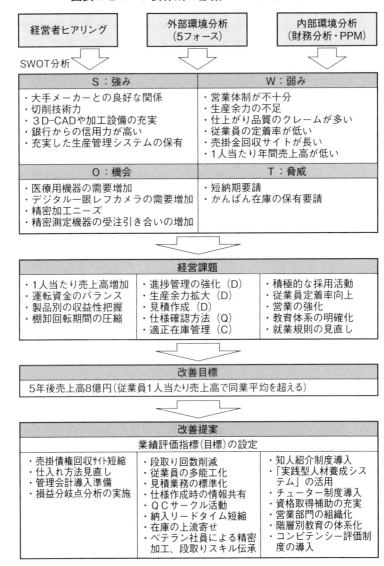

■第１章　経営戦略

（1）　外部環境分析

図表 4-2-2 は当社の主要製品の光学機器（カメラ）用部品精密加工およびパソコン周辺機器用部品精密加工の業界環境をまとめたものである。

図表 4-2-2　業界環境分析

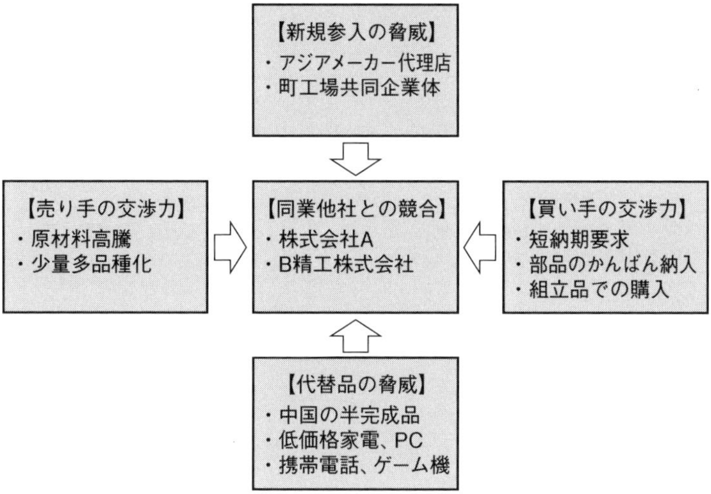

①　新規参入の脅威

アジアに開発・製造拠点を持つ販売代理店が低価格を武器に参入、また、地域内の町工場が集まり共同企業体を形成し、得意技術、設備、人材を活用して共同受注活動を展開し始めている。

②　同業他社との競合

当社の競合２社の概況は図表 4-2-3 のとおりである。

競合の２社は加工だけでなく、機器の組立にも取り組んでいる。主要取引先の大手情報機器製造企業や精密機器製造企業では、単なる加工部品購入ではなく、組立部品での購買に切り替える動向がある。

図表 4-2-3　競合の概況

	株式会社 A	B 精工株式会社
設立	1975 年 10 月	1968 年 7 月
本社	新潟県	埼玉県
従業員数	74 人	54 人
営業品目	光学機器加工部品、機器組立 情報機器加工部品、機器組立 精密部品加工用治工具製造 ソフトウェア開発	精密機器加工部品 機械機器組立 医療機器加工部品
主要得意先	精密機器製造企業 C 電気機器製造企業 D 電気機器製造企業 E 情報機器製造企業 F	精密機器製造企業 C 精密機器製造企業 G 医療機器製造企業 H
特長	難削加工 小ロット製造・試作 レーザー加工	複雑形状の加工 1 個からの少量製造・試作 微細加工

③　代替品の脅威

安価な人件費で加工、組立を行った低価格の中国製の組立品、主要顧客の製品と競合するアジアの低価格製品の輸入増加、携帯電話（スマートフォン含む）や携帯ゲーム機のカメラ機能の充実は当社の加工部品の代替え脅威となりうる。

④　売り手の交渉力

原材料の価格上昇、少量多品種ニーズへの対応のための１品目当たりの購入量の減少は売り手に優位に働き脅威となりうる。

⑤　買い手の交渉力

当社の顧客であるメーカーのブランド力を後ろ盾にした顧客要求である短納期対応、部品のかんばん納入、組立品購入要請は買い手に優位に働き脅威となりうる。

(2) 顧客業界分析

当社の主要顧客となるメーカー企業の業界の概況は次のとおりである。

① 光学機器(カメラ)業界

中国、ASEAN地域への生産シフトが急激に進展し、国内生産の減少に拍車をかけている。組立工程の海外シフト、部材料の現地調達率の上昇にともない、下請企業の受注基盤は大きく揺らいでいる。市場規模は工業統計表(経済産業省)によると製造品出荷額、原材料使用額とも減少傾向にある。一般社団法人カメラ映像機器工業会の総出荷金額によると、デジタルスチールカメラの総出荷金額は8,000億円を超えている。デジタルスチールカメラの市場規模は激減している。

② コンピュータ周辺機器業界

市場規模は工業統計表によると、出荷金額で1兆6,000億円を超えている。製造品出荷金額でみると印刷装置製造業およびその他の付属装置製造業の出荷金額は増加しているものの、記憶装置製造業は減少している。今後コンピュータ周辺機器は、TV、オーディオ、携帯電話、家庭用ゲーム機など家電との結びつきをより深め、ユビキタス社会の生活情報支援機器としての役割を果たすものと推測される。

③ 精密測定機器業界

市場規模は生産動態統計年報機械統計編(経済産業省)によると生産金額680億円となっており、推移も増加傾向にある。精密測定機器はあらゆる製造業で使用されており、製造業の動向に左右されやすい。精密測定機器は日本のものづくり技術が最も得意とする分野の1つである。

④ 医療機器業界

市場規模は薬事工業生産動態統計年報(厚生労働省)によると1兆9,000億円を超え、増加傾向で推移している。医療機器大分類別の生産高でみると、画像診断システムが2,904億円、処置用機器が5,224億円、生体機能補助・代行機器が2,654億円、生体現象計測・監視システムが2,606億円となっている。画像診断システム、生体現象計測・監視システムは輸出額よりも輸入額が上回っているものの、他の医療機器よりも輸出入額の差は小さく、海外の脅威は少ない。

（3）　内部環境分析

①　売上推移

図表 4-2-4 は製品群別の売上高推移である。当社の売上高は３期連続で増加しているが、売上の構成比ではカメラ関係用部品、パソコン周辺機器用部品が減少し、精密測定機器用部品、医療関係機器用部品は増加している。

図表 4-2-4　製品群別売上高推移

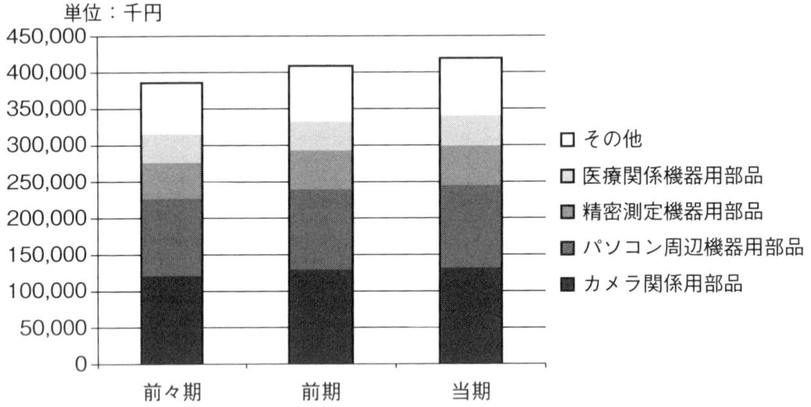

②　PPM

図表 4-2-5 は当社の主要製品群について、縦軸に市場成長率、横軸に市場占有率（当社製品群別の売上をその製造業界の製造額、出荷金額に対する比率で比較した）をとって、どのポジションに位置するかをプロットしたものである。

スチールカメラは市場成長率が低下し、売上も縮小していることから、今後は専用部材を使用する部品や需要数が少ない部品については顧客への最終

図表 4-2-5　当社の製品群別 PPM

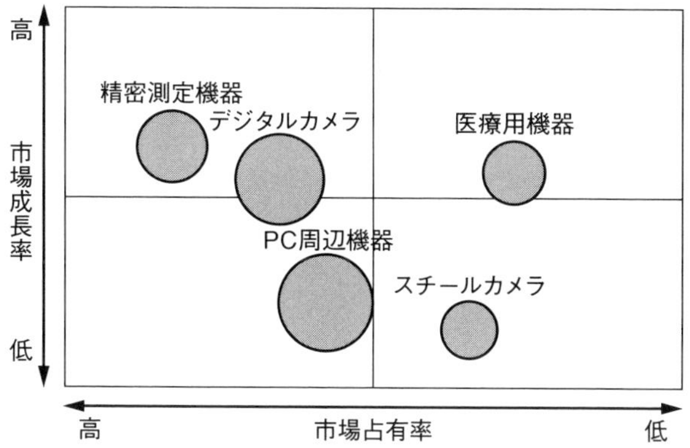

手配依頼等、デジタルカメラとの相乗効果が見込めない場合は縮小、撤退の検討が必要な製品群である。

医療用機器については成長率が高くはないものの安定的で海外からの脅威も少ないため、今後受注額を増やしていくべき製品群である。また、精密測定機器は他の製品群よりも市場規模は小さいが、相対的に成長率は高く、試作品作成の受注引き合いのチャンスを逃さず売上の増加を図っていく製品群である。

デジタルカメラやコンピュータ周辺機器については現在の顧客との良好な関係を維持し、確実な収入源としていく製品群である。

（4） SWOT 分析

図表 4-2-6 は外部環境分析および内部環境分析の結果をもとに当社の強み・弱み・機会・脅威を整理した SWOT 分析である。

（5） 事業の方向性

SWOT 分析をもとにクロス SWOT 分析を行い、当社の事業の方向性を検討する。

図表4-2-6　当社のSWOT分析

S：強み	W：弱み
・大手メーカーとの良好な関係 ・切削技術力 ・3D-CADや加工設備の充実 ・銀行からの信用力が高い ・充実した生産管理システムの保有	・営業体制が不十分 ・生産余力の不足 ・仕上がり品質のクレームが多い ・従業員の定着率が低い ・売掛金回収サイトが長い ・1人当たり年間売上高が低い
O：機会	**T：脅威**
・医療用機器の需要増加 ・デジタル一眼レフカメラの需要増加 ・精密加工ニーズ ・精密測定機器の受注引き合いの増加	・短納期要請 ・かんばん在庫の保有要請

図表4-2-7　当社のクロスSWOT分析

	O：機会	T：脅威
S：強み	【積極化戦略】 切削加工技術力で精密測定機器、医療機器加工需要を取り込む	【差別化戦略】 充実した生産管理システムで短納期要請に対応
W：弱み	【弱点強化戦略】 営業体制、生産余力を強化し、受注引き合い増加に対応	【防衛策】 短納期要請に応えるために在庫増加となることを防止

①　積極化戦略

強みを活かして機会を取り込むため、医療用機器加工を重点分野と位置づけ、経営資源の積極的な投入を図る。

②　差別化戦略

強みを活かして脅威を乗り越えるため、充実した生産管理システムの活用で短納期要請に対応していく。

③　弱点強化戦略

弱みを補完し、機会を取り込むため、営業体制、生産余力を強化し、受注引き合い増加に対応していく。

④ **防衛策**

弱みが致命傷となることを防止するため、短納期要請に応えるための安易な在庫増加は防止していく。

(6) 業績評価指標(目標)の設定

当社では、経営計画上も日常業務管理上も、明確な数値目標の設定がない。そこで、目標となる業績評価指標を設定し、実施状況を測定・評価することを提案する。

図表4-2-8は当社の戦略と目標となる指標、実施項目を示した業績評価指標の案である。

図表4-2-8 業績評価指標案

視点	対応する章	戦略目標	業績評価指標・目標	実施項目・方法等
財務の視点	第2章 財務・会計	売上高増加 利益増加	売上高前年比14%増加かつ売上高営業利益率6%以上	営業担当の専任化 管理会計の導入
顧客の視点	第3章 生産・技術	短納期対応 品質クレーム削減	試作品納品2週間以内 クレーム率 1%以内	見積り業務の標準化と権限委譲 顧客との情報共有徹底
業務プロセスの視点	第3章 生産・技術	生産効率の向上	段取りのマニュアル化100% 生産余力の確保17%以上	段取り回数の少ない生産計画 従業員の多能工化 高度な精密加工スキルの伝承
学習と成長の視点	第4章 人事・労務	中堅社員の人材育成	定着率の向上 (退職までの勤続年数20年以上)	チューター制度導入 資格取得補助、資格手当の充実 教育体系の整備 コンピテンシー評価制度の導入

■第2章　財務・会計

（1）　現状

①　損益計算書

売上高は2期連続で増加しているが、販売費及び一般管理費は売上高以上の比率で増加しているため、営業利益は前期より44.6%減となっている。従業員1人当たりの年間売上高は、『中小企業実態基本調査に基づく中小企業の財務指標』（同友館、以下『財務指標』）における業務用機械器具製造業の数値と比較して約50%と、著しく低い水準となっている。

売上高総利益率は、業界平均を上回る水準にある（**図表4-2-11**参照）。売上高営業利益率、売上高経常利益率が低いのは、販売費及び一般管理費の中

図表4-2-9　比較損益計算書

（単位：千円）

	前々期		前期			当期		
		売上高比		売上高比	増減		売上高比	増減
売上高	384,285	100.0%	406,385	100.0%	22,100	416,500	100.0%	10,115
売上原価	283,050	73.7%	278,800	68.6%	−4,250	289,255	69.4%	10,455
売上総利益	101,235	26.3%	127,585	31.4%	26,350	127,245	30.6%	−340
販売費・一般管理費	96,390	25.1%	103,955	25.6%	7,565	114,155	27.4%	10,200
営業利益	4,845	1.3%	23,630	5.8%	18,785	13,090	3.1%	−10,540
営業外収益	3,315	0.9%	4,505	1.1%	1,190	3,740	0.9%	−765
営業外費用	6,630	1.7%	5,270	1.3%	−1,360	4,760	1.1%	−510
経常利益	1,530	0.4%	22,865	5.6%	21,335	12,070	2.9%	−10,795
特別利益	0	0.0%	0	0.0%	0	0	0.0%	0
特別損失	1,275	0.3%	2,210	0.5%	935	0	0.0%	−2,210
税引前当期利益	255	0.1%	20,655	5.1%	20,400	12,070	2.9%	−8,585
法人税等	85	0.0%	2,805	0.7%	2,720	3,230	0.8%	425
当期利益	170	0.0%	17,850	4.4%	17,680	8,840	2.1%	−9,010

図表 4-2-10　比較貸借対照表

（単位：千円）

	前々期	前期	当期		前々期	前期	当期
(資産の部)				(負債の部)			
流動資産				**流動負債**			
現金・当座預金	32,215	37,145	31,620	支払手形	99,470	78,475	93,265
受取手形	141,100	101,150	145,265	買掛金	61,050	55,270	60,200
売掛金	42,670	43,180	49,810	短期借入金	4,930	7,310	5,610
原材料	3,485	4,505	7,480	その他流動負債	92,100	71,020	89,635
仕掛品	7,905	8,755	13,570				
製品	36,805	37,740	37,855	流動負債合計	257,550	212,075	248,710
その他流動資産	1,445	1,445	2,975	**固定負債**			
				長期借入金	157,505	147,645	158,270
流動資産合計	265,625	233,920	288,575				
固定資産							
土地・建物	65,960	60,520	55,675	固定負債合計	157,505	147,645	158,270
設備資産	95,880	86,445	92,650	**負債合計**	415,055	359,720	406,980
無形固定資産	340	340	340	(純資産の部)			
投資等	19,550	20,570	20,655	資本金	17,000	17,000	17,000
				剰余金	15,300	25,075	33,915
固定資産合計	181,730	167,875	169,320	**純資産合計**	32,300	42,075	50,915
資産合計	447,355	401,795	457,895	**負債・純資産合計**	447,355	401,795	457,895

の支払運賃が増加したことが影響している。

収益性と生産性の改善に取り組むことが急務である。従業員規模に見合った収益の確保（販路拡大・売上拡大）が必要であり、中期販売計画の立案と同時にそれをフォローする仕組みの導入が望まれる。

②　貸借対照表

流動比率は100％を超え、当座比率も90％以上であり、安全性はひとまず確保できてはいるものの、手元流動性は売上高の1ヵ月分もなく、資金繰りはタイトである。有利子負債を自己資本で割ったギアリング比率は300％

図表 4-2-11　主要財務指標

	前々期	前期	当期	財務指標
売上高総利益率	26.3	31.4	30.6	27.0
売上高営業利益率	1.3	5.8	3.1	4.8
売上高経常利益率	0.4	5.6	2.9	5.2
売上高当期純利益率	0.04	4.4	2.1	2.9
売上高販管費率	25.1	25.6	27.4	22.2
自己資本当期純利益率	0.5	42.4	17.4	6.7
総資本回転率	0.86	1.01	0.91	1.1
流動比率	103.1	110.3	116	206.5
当座比率	83.7	85.6	91.1	145.1
固定長期適合率	96	89	81	53
自己資本比率	7.2	10.5	11.1	46.3
売上債権回転期間（日）	174.5	129.6	171.0	78.2
棚卸資産回転期間（日）	45.8	45.8	51.6	46.0
買入債務回転期間（日）	152.5	123.1	134.5	52.6
1人当たり売上高（千円）	8,540	9,031	9,054	17,904
1人当たり労務費・人件費（千円）	3,368	3,508	3,672	4,259
労働分配率	51.9	50.9	53.3	70.7
有利子負債（千円）	162,435	154,955	163,880	117,840
ギアリング比率	502.9	368.3	321.9	52.5
債務償還年数	19.1	6.7	12.1	4.5

※財務指標の出所：『中小企業実態基本調査に基づく中小企業の財務指標』（入手可能直近年度分）および『TKC経営指標』（入手可能直近年度分）

を超えて推移しており、注意が必要。借入金が多く、自己資本比率が低いことに起因している。

当期の流動負債は前期に比べ36.7百万円増加している。流動負債の内訳をみると、その他流動負債が18.6百万円増加。また、売上債権回転期間は171.0日で、『財務指標』の日数よりも極端に長くなっていることも、資金繰りを悪化させる原因である。

一方、棚卸資産は2期連続での増加となっている。棚卸資産回転期間も前々期と前期は45.8日と同水準だったものの、当期は51.6日と増加している。『財務指標』の棚卸資産回転期間は46.0日であり、同業他社と比較すると日数が多くなっている。

（2） 問題点・課題

① 低自己資本比率、借入金への高い依存度

同業種の財務指標からみても、また絶対値からみても、自己資本比率が低く、有利子負債が多いため、企業経営の安定性が低い。不動産等の担保余力があり、金融機関からの信用はあるものの、中期的、計画的に改善すべき点である。利益剰余金の増加による内部留保の充実、在庫削減、売掛金の早期回収、遊休資産の処分等、総資本の縮減を図る必要がある。

② 低収益性・低生産性

従業員1人当たりの売上高、従業員1人当たりの人件費は業界平均水準を大きく下回る。今後、売上高の増加だけではなく、販売管理費の削減に抜本的に取り組む必要がある。

③ 資金繰りの悪化

売掛金サイトの長期化、棚卸資産の増加等から手元流動性（{現金・預金＋有価証券｝÷月商）が1ヵ月分を下回っており、資金繰りはタイトである。

（3） 改善提案

① 資金繰りの改善

資金繰り改善の方策として次の2点を提案する。

〔1〕 売掛債権回収サイトの短縮

〔2〕 仕入れ方法の見直し

② 管理会計の導入

管理会計を導入し、製品別の標準原価を算定し、収益性を高める。

③ 製品別の採算性把握

損益分岐点売上高は直近期で395,600千円（勘定科目法による）であり、安全余裕率は約5％。可能な限り製品別の採算性把握を行い、今後注力すべき製品や受注可否の判断基準を持つことを提案する。

④ 棚卸資産回転期間の適正化

キャッシュフローを改善するために、棚卸資産の圧縮と適正化が必要である（具体的な改善提案は第3章の生産・技術で記述する）。

■第3章　生産・技術

（1） 現状

① 生産形態

生産全体のうち7割が受注生産で、残りの3割は主要取引先へのかんばん納入のためにフォーキャスト情報にもとづく見込生産を行っている。

② 生産設備

〔1〕 精密な切削加工が可能な複合旋盤機械

第2工場を中心に稼働している。丸型の加工品、小型の加工品に使用されている。

〔2〕 複雑な工程のオートメーション化が可能なマシニングセンター

本社工場を中心に稼働している。主に板型の加工品、中型以上の加工品に使用されている。多面加工が可能な機種もあり、短時間で複雑な加工も可能である。

〔3〕 測定設備

各工場に測定装置が完備されており、それぞれの工場内で品質検査を完了できるようになっている。

③ 生産手順

当社の受注生産のプロセスフローは、図表4-2-12のとおりである。

図表4-2-12 受注生産プロセスフロー

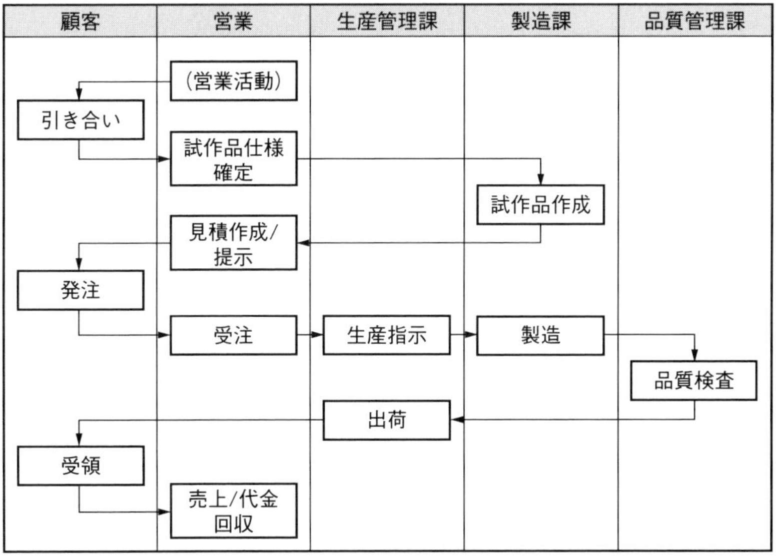

〔1〕 仕様確認・見積もり提示

当社では、引き合いのあった案件に対し営業担当の社長、生産技術部長が仕様確認を行い、見積もりを提示している。社長が8割の案件で見積もりを作成している。社長以外に見積もりができる人材は生産技術部長のみである。

〔2〕 受注・生産指示

受注が決定すると、生産管理課の担当者が生産管理システムに受注案件ごとに見積もり、納期などの情報を入力し、「受注伝票」と「生産指示書」を発行している。「生産指示書」には加工品目ごとに必要な工程、リードタイムが記載されており、製造課に渡される。生産スケジュールの計画・調整も生産管理課で行っている。在庫となっている加工品については、実在庫数・引当て済み在庫数・正味在庫数が生産管理システムでわかるようになっており、在庫を加味した結果にもとづき、顧客への納期回答や生産指示数量が出される。

〔3〕 資材調達

資材調達は生産管理課で行われており、当社が市場から自社購入するものがほとんどである。

〔4〕 加工・外注

生産管理システムで発行される「生産指示書」には各工程での作業が記載された「加工作業指示書」も添付されており、各工程では「加工作業指示書」にもとづき加工作業が行われる。本社工場では板型の部品加工やマシニングセンターによる複雑で精度の高い加工を行っている。第２工場の製造課では大きい部品の加工、小さい部品や丸型の部品の加工を行っている。

加工品の種類によって、(a) 本社工場のみで加工する部品、(b) 第２工場のみで加工する部品、(c) 第２工場で１次加工し、本社工場で２次加工する部品、の３つのパターンがある。各工場間の搬送は１日１往復ルート便で行っている。

当社で加工できないメッキなどの表面処理については、外部の協力会社に発注している。外注した加工品の最終品質検査は当社で行っている。また、精密加工できる従業員の工数に余力がない場合、協力会社に外注することもあるが、第２工場の近隣には複雑で精密な加工を行える外注先がない。

各工場の製造課では、機械加工を行っているときに寸法や加工精度が要求基準値範囲内であるかの抜き取り検査を実施している。加工中に抜き取り検査を実施することで不良品の発生を早期に防止する仕組みとなっている。

〔5〕 品質管理

加工が終了した部品は、要求されている規格に適合しているかを確認するため、品質管理課で最終検査を実施している。「出荷検査表」を用い、専用の測定機械を使用して加工面の状態や精度の検査を行っている。

当社の顧客からの品質に対する主なクレームは、数値では表せない外観印象の違いである。

〔6〕 梱包・出荷

品質管理課で最終検査が終了した加工品は梱包されて出荷となるが、加工品はさまざまな形状なため、手作業で梱包している。

④ 生産管理

当社では生産管理システムを導入済みである。生産管理システムは外部システムベンダーに開発を依頼した当社専用のシステムとなっている。生産管理システムの主要機能は、受注管理、発注管理、売上管理、仕入管理、在庫管理、作業工程管理である。各現場にPC端末が設置されていてLANで結ばれており、リアルタイムの情報を本社工場、第2工場間でも共有している。

直近3年間での加工製品の品目数は約2,400点で、そのうち常時加工されている品目は400点である。顧客の要求は多品種少量生産の傾向に進んでいる。また、最近は電気精密機械製造業よりも医療精密機械製造業用の加工品が品目、数量とも前年比の3倍近くと急増している。

〔1〕 進捗管理

生産スケジュールの進捗管理は生産管理システムで行っている。生産管理課が資産管理システムに生産スケジュールを入力している。加工品目ごとにガントチャートで表示され、顧客別に色で識別できるようになっている。また、加工機械別の進捗管理も生産管理システムのガントチャートで予定と実績を確認できるようになっている。作業データの入力は製造課の各担当者が作業終了時にPC端末から入力している。

〔2〕 現品管理

各工場の製造課では月末に実地棚卸を行い、在庫数量の確認作業を行っている。実在庫数、引当て済み在庫数、正味在庫数、発注点数量などの項目が生産管理システムで参照できるようになっている。

〔3〕 余力管理

生産管理システムにより作業の進捗管理ができるので、加工機械の空き状況はある程度把握できるが、加工製品別、人員別の余力を一元的に管理し、瞬時に把握できる仕組みとはなっていない。そのため、緊急時の加工数量追加や特急での加工作業の依頼があった場合には生産計画の調整に労力を費やしている。

〔4〕 納期管理

かんばん納入先の場合、発注後5日以内での納入が要求される。また、新規加工品についても試作品依頼から2〜3週間での納品が要請される。その他の顧客の受注生産を適用している加工品の納期は3週間〜2ヵ月の範囲となっている。

⑤　生産活動効率化の取組み

〔1〕 段取り作業

加工機械の段取り作業には熟練度が要求される。このため、段取りのための専用人員が必要となっている。段取り作業の習得にはOJTでなければ教えられない要素も多く、マニュアル化はできていない。

〔2〕 外段取り化への取組み

段取り作業が始まる前にセットする機材の組み立てが必要な場合は、あらかじめ組み立てておくなどして対応している。また、段取りメモを個々の機械に備え付けて現在の機械設定をわかるようにしてあり、作業担当者は次回の段取り作業の参考情報として再利用している。

〔3〕 ロケーション管理

資材、部品、機材のロケーション管理は徹底されている。資材、部品、機材にはラベル貼付も行われており、機材を棚から持ち出す際は持ち出し先を示すカードを保管場所に置くようになっており、機材が所在不明となるのを防止している。また、任命者による3Sパトロールを行い、整理・整頓・清潔を周知徹底している。

（2） 問題点・課題

現状分析から、当社の問題点と課題は次のとおりである。

① D：納期

〔1〕 受注生産での余力管理と進捗管理の強化

顧客から要求される納期は短くなる方向にあり、納期遅延による問い合わせ対応も発生しているため、余力管理と進捗管理の徹底強化が必要である。

〔2〕 生産効率向上によるさらなる生産余力の拡大

多品種少量化や受注案件の増加にともなって、新規顧客からの受注の引き合いも断らざる得ない状況である。生産設備投資や人員増強による生産余力の拡大も考えられるが、直近の対応としてさらなる生産効率向上による生産余力の拡大が必要である。

〔3〕 見積もり作成業務の標準化と権限委譲

現在見積もりの8割を社長が作成しているが、受注の引き合いが増加している中で社長の業務負担を軽減し、生産技術部長への権限委譲や他の従業員にも見積もり作成ができるよう見積り業務の標準化が必要である。

② Q：品質

〔1〕 顧客との認識差異を解消する仕様確認方法

納品後に顧客から要求と違うとのクレームが発生しているため、顧客との仕様確定時に認識の差異を解消することが必要である。

③　C：コスト

〔1〕　棚卸資産の適正在庫管理

棚卸資産の合計額は増加し、棚卸資産回転期間も延びている。在庫の適正化と棚卸資産回転期間の短縮が必要である。

（3）　改善提案

①　D：顧客要求納期への対応

顧客要求納期への対応策として次の８点を提案する。

〔1〕　各工場の加工品品目の見直し

〔2〕　進捗管理責任者の設置

〔3〕　納期管理ポストの設置

〔4〕　熟練度や機械特性を考慮した余力管理の徹底

〔5〕　段取り回数が少ない生産計画の立案

〔6〕　従業員の多能工化

〔7〕　ベテラン従業員による精密加工、段取りスキルの伝承

〔8〕　見積り業務の権限委譲と標準化

②　Q：品質向上によるクレーム削減

クレーム対応の削減策として次の２点を提案する。

〔1〕　顧客との仕様設計時の情報共有の徹底

〔2〕　QC サークル活動による改善意識の向上

③　C：棚卸資産の適正在庫管理

在庫回転期間の短縮を図るため、次の３点を提案する。

〔1〕　ABC 分析による発注方法の見直し

〔2〕　フォーキャスト情報提示による納入リードタイム短縮

〔3〕　付加価値の低い部材レベルへの在庫の上流寄せ

■第4章　人事・労務

（1）現状

① 人事戦略

当社の年齢別人員構成および勤続年数別人員構成は、**図表4-2-13**のとおりである。

図表4-2-13　年齢別人員構成表および勤続年数別人員構成表

【年齢別人員構成】

年齢	計	男	女
60歳～	3	3	0
55歳～59歳	4	4	0
50歳～54歳	5	4	1
45歳～49歳	6	5	1
40歳～44歳	7	6	1
35歳～39歳	6	4	2
30歳～34歳	5	5	0
25歳～29歳	5	4	1
～24歳	5	4	1
計	46	39	7

【勤続年数別人員構成】

勤続年数	計	男	女
40年～	2	2	0
35年～39年	4	4	0
30年～34年	4	4	0
25年～29年	4	3	1
20年～24年	3	2	1
15年～19年	3	3	0
10年～14年	5	4	1
5年～9年	9	7	2
～4年	12	10	2
計	46	39	7

当社の従業員の平均年齢は41.2歳である。年齢構成別にみるとバランスのよい構成となっている。しかしながら、勤続年数別の人員構成でみると9年以下が構成比45.6%となっており、年齢別構成と比較すると極端に勤続年数が短い従業員が多く、年齢構成比と比例していない。若い従業員が定着せず、中途による補充で人員不足を補っていると考えられる。また、第2工場では主にハローワークでの中途採用を行っているが、期待どおりの人材確保はできていない。

②　組織開発

当社の組織図は、図表 4-2-14 のとおりである。

図表 4-2-14　当社の組織図

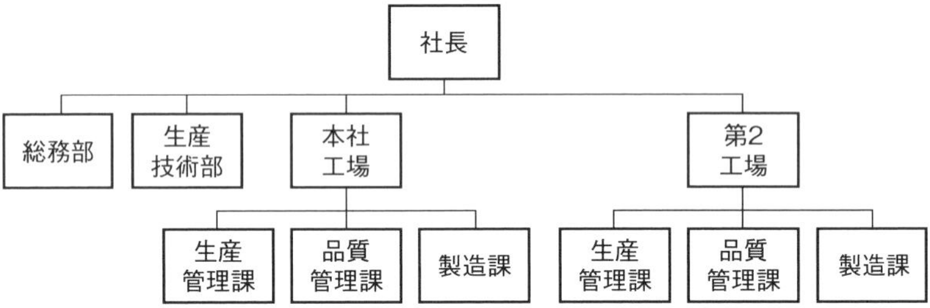

総務部は総務のほか人事・教育、経営管理、経理の機能も兼ねているが、部長と従業員1名の計2名体制である。専門の営業部門はなく、社長が営業を兼務している。

③　能力開発

当社では従業員の仕事の習得はOJTによる教育が主であり、定型的なテキストやマニュアル類は整備されていない。中間管理職への管理者教育も計画的に行われていない。全従業員を対象に、展示会や外部研修への参加、技能検定などの資格取得に対しては補助金を支給する仕組みとなっているが、参加や取得は各従業員の自主性に任せている。

④　就業関係

当社の就業規則、給与規程、退職金規程については、13年前に作成され、それ以降改定されていない。5年前に週休2日制になったことや、役職手当が変更になったことなど現行の運用と合っていない部分が見受けられる。

（2）　問題点・課題

現状分析から、当社の問題点と課題は次のとおりである。

①　人事戦略

〔1〕 積極的な採用活動の実施

待ちの採用スタイルから、将来に向け必要な人材を確保するための攻めの採用スタイルに変えていくことが必要である。

〔2〕 従業員定着率の向上

採用した従業員が中堅社員や将来の幹部候補として内部に留保できるよう、従業員の定着率を上げていくことが必要である。

②　組織開発

〔1〕 総務部の業務機能と担当の明確化

総務部長が人事・教育を担当しているが、経営管理の業務も兼ねており、所属の従業員も１名のため、マンパワー不足となっている。業務と担当を明確にしたうえで、人員の増強が必要である。

〔2〕 営業部門の組織化

社長が兼務で営業窓口となっているが、今後の売上拡大のためには、順調に引き合い受注が推移している間に営業体制を構築することが必要である。

③　能力開発

〔1〕 教育体系の明確化

採用した従業員が中堅社員、将来の幹部候補としてステップアップできるよう、階層別の教育体系を明確化していくことが必要である。

〔2〕 精密加工技術の伝承

当社の強みである切削精密加工を行える従業員を増やしていくことが必要である。

④　就業関係

〔1〕 就業規則、規程類の見直し

現行の運用状況に適合するように、就業規則や各種規程類の改定が必要である。

（３） 改善提案

①　人事戦略

人材戦略について次の２点を提案する。

〔1〕 積極的な採用活動の実施

(a) 知人紹介制度の導入

(b) 就職博など外部採用イベントへの参加

(c) 「実践型人材養成システム」の活用

〔2〕 従業員満足度向上による従業員定着率の向上

(a) チューター（相談者）制度の導入

(b) 資格取得補助、資格手当の充実

(c) 顧客コメントの社員へのフィードバック

(d) 従業員目安箱の設置とフィードバック

(e) コンピテンシー評価制度の導入

②　組織開発

組織の見直しについて次の２点を提案する。

〔1〕 総務部の人員増強と業務分担の明確化

(a) 総務担当　　(b) 経営管理担当

〔2〕 営業部門の組織化と専任者の任命

③　能力開発

中堅社員、将来の経営幹部候補の人材育成のため、次の３点を提案する。

〔1〕 階層別教育の体系化

〔2〕 教育担当者の明確化

〔3〕 高度な精密加工技術を持ったベテラン従業員の技術伝承業務への専任化

④　就業関係

就業規則、賃金規程の改定および教育規程の制定を提案する。

③ Y製作所へのプレゼンテーション

ここでは本章②に掲載したY製作所の「経営診断報告書」にもとづいて、実際にプレゼンテーションを行う際の「プレゼン用パワーポイント」の実例を掲載しています。

なお、主要項目の列挙にとどめているため、詳細な分析・改善提案部分までは掲載していませんが、イメージとまとめ方について、少しでも参考になればと思います。

経営者本人や経営層へ提出する「診断報告書」と異なり、「プレゼンテーション」の場合は、従業員や部長・工場長といった会社管理職クラスが参加する場合もあります。その際には、改善提案内容の表現の仕方に十分留意します。

たとえば、ある事業部門の利益率が極めて低く、撤退も考えるべきだという改善提案の内容は、「診断報告書」面では鋭く指摘できたとしても、その部門の部門長や従業員が実際にプレゼンテーションの場に参加してくる場合は、ダイレクトな表現は控え、納得のいくデータの提示にとどめることになるでしょう。また逆に、部門の収束を経営者が本気で考えており、外部コンサルタントの提言内容をいわば外圧として積極的に利用するという場合もあります。その際のトーンは、当然のことながら変わってきます。

事前にプレゼンテーションの目的と参加者の顔ぶれを把握したうえで経営者とも擦り合わせを行い、柔軟に対応することになります。

Ｙ製作所株式会社　御中

経営診断報告会

20××年××月××日

中小企業診断士　○○○○
中小企業診断士　○○○○

本日の発表

1．経営戦略　（担当；○○）

2．財務分析　（担当；○○）

3．生産・技術分析　（担当；○○）

4．人事・労務分析　（担当；○○）

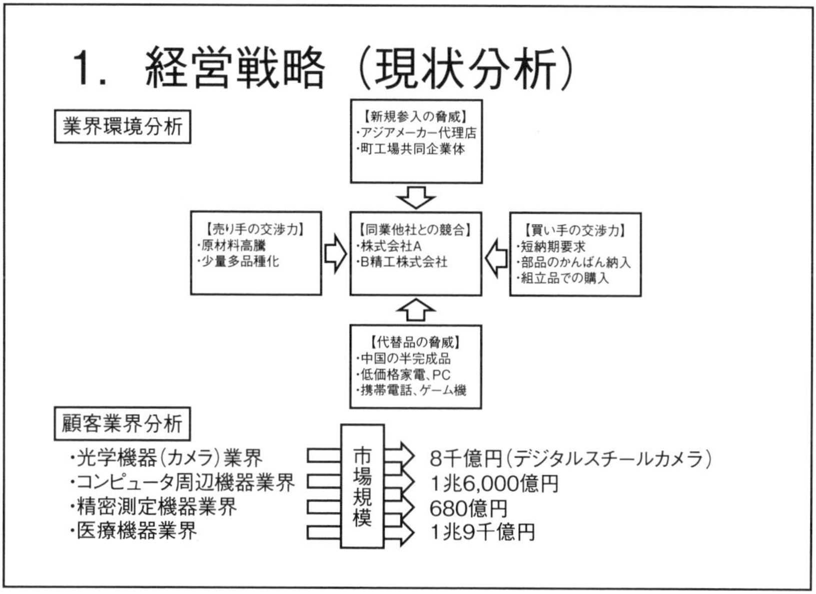
1.　経営戦略（現状分析）
業界環境分析
【新規参入の脅威】
・アジアメーカー代理店
・町工場共同企業体
【売り手の交渉力】
・原材料高騰
・少量多品種化
【同業他社との競合】
・株式会社A
・B精工株式会社
【買い手の交渉力】
・短納期要求
・部品のかんばん納入
・組立品での購入
【代替品の脅威】
・中国の半完成品
・低価格家電、PC
・携帯電話、ゲーム機
顧客業界分析
・光学機器（カメラ）業界
・コンピュータ周辺機器業界
・精密測定機器業界
・医療機器業界
市場規模
8千億円（デジタルスチールカメラ）
1兆6,000億円
680億円
1兆9千億円

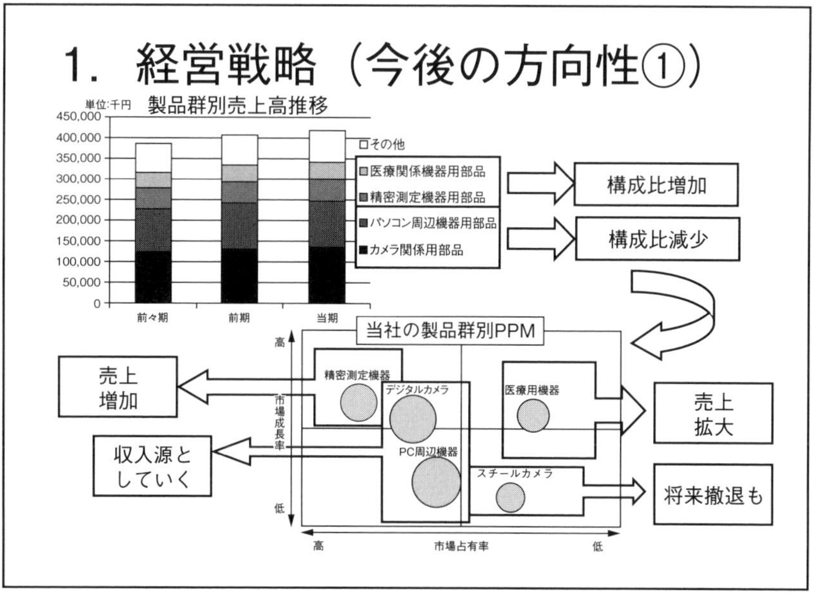
1.　経営戦略（今後の方向性①）
単位:千円
製品群別売上高推移
450,000
400,000
350,000
300,000
250,000
200,000
150,000
100,000
50,000
0
前々期
前期
当期
□その他
■医療関係機器用部品
■精密測定機器用部品
■パソコン周辺機器用部品
■カメラ関係用部品
構成比増加
構成比減少
当社の製品群別PPM
高
市場成長率
低
精密測定機器
デジタルカメラ
医療用機器
PC周辺機器
スチールカメラ
高
市場占有率
低
売上増加
収入源としていく
売上拡大
将来撤退も

1. 経営戦略（今後の方向性②）

SWOT分析

S：強み	W：弱み
・大手メーカーとの良好な関係 ・切削技術力 ・３Ｄ－ＣＡＤや加工設備の充実 ・銀行からの信用力が高い ・充実した生産管理システムの保有	・営業体制が不十分 ・生産余力の不足 ・仕上がり品質のクレームが多い ・従業員の定着率が低い ・売掛金回収サイトが長い ・1人当たり年間売上高が低い
O：機会	**T：脅威**
・医療用機器の需要増加 ・デジタル一眼レフカメラの需要増加 ・精密加工ニーズ ・精密測定機器の受注引き合いの増加	・短納期要請 ・かんばん在庫の保有要請

事業の方向性を検討

	O：機会	T：脅威
S：強み	【積極化戦略】 切削加工技術力で精密測定機器、医療機器加工需要を取り込む	【差別化戦略】 充実した生産管理システムで短納期要請に対応
W：弱み	【弱点強化戦略】 営業体制、生産余力を強化し、受注引き合い増加に対応	【防衛策】 短納期要請に応えるために在庫増加となることを防止

1. 経営戦略（今後の方向性③）

業績評価指標（目標）の設定

視点	戦略目標	業績評価指標・目標	実施項目・方法等
財務の視点	売上高増加 利益増加	売上高前年比14％増加かつ 売上高営業利益率6％以上	営業担当の専任化 管理会計の導入
顧客の視点	短納期対応 品質クレーム削減	試作品納品2週間以内 クレーム率 1％以内	見積り業務の標準化と権限委譲 顧客との情報共有徹底
業務プロセスの視点	生産効率の向上	段取りのマニュアル化 100％ 生産余力の確保 17％以上	段取り回数の少ない生産計画 従業員の多能工化
学習と成長の視点	中堅社員の人材育成	定着率の向上 （退職までの勤続年数20年以上）	チューター制度導入 資格取得補助、資格手当の充実 教育体系の整備 コンピテンシー評価制度導入

明確な目標設定を！

2. 財務分析（現状①）

【売上高推移】

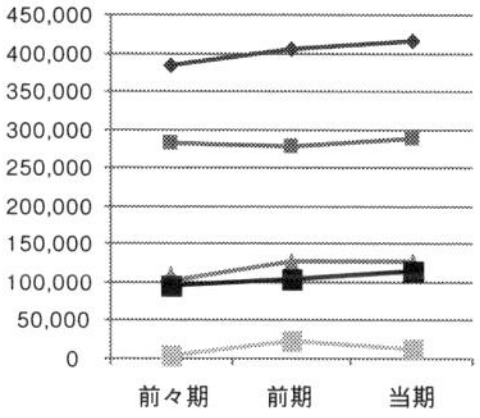

【対前年度比】

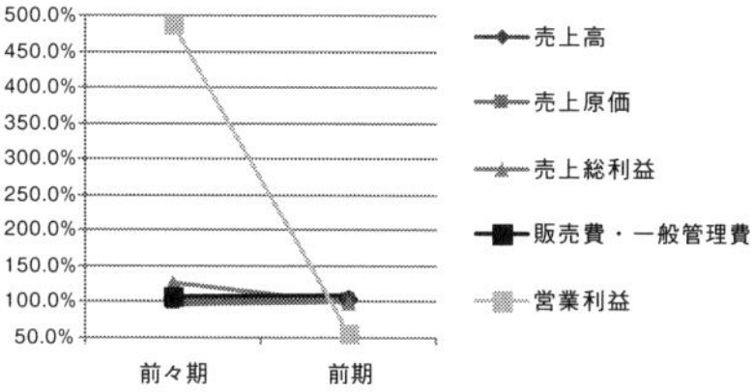

	前々期		前　期			当　期		
		売上高比		売上高比	増減		売上高比	増減
売上高	384,285	100.0%	406,385	100.0%	22,100	416,500	100.0%	10,115
売上原価	283,050	73.7%	278,800	68.6%	−4,250	289,255	69.4%	10,455
売上総利益	101,235	26.3%	127,585	31.4%	26,350	127,245	30.6%	−340
販売費・一般管理費	96,390	25.1%	103,955	25.6%	7,565	114,155	27.4%	10,200
営業利益	4,845	1.3%	23,630	5.8%	18,785	13,090	3.1%	−10,540
営業外収益	3,315	0.9%	4,505	1.1%	1,190	3,740	0.9%	−765
営業外費用	6,630	1.7%	5,270	1.3%	−1,360	4,760	1.1%	−510
経常利益	1,530	0.4%	22,865	5.6%	21,335	12,070	2.9%	−10,795

増加

前期比
44.6%
減少

2. 財務分析（現状②）

	内　　　容	当　社	比較データ
安全性	自己資本比率が低い 流動比率は低水準だが、安全な水準にある 売上高の増加以上に、売掛金が増加傾向	自己資本比率 11.1% 流動比率 116%	自己資本比率 46.3% 流動比率 206%
成長性	業界全体が落ち込む中で、安定的に成長を維持	売上高伸び ＋2.5%	業界平均売上高 ▲14.3%
収益性	売上総利益率は業界平均を上回る 売上高営業利益率が低い （過去最高の6%を目指す）	売上高総利益率 30.6% 売上高営業利益率 3.1%	売上高総利益率 27.0% 売上高営業利益率 4.8%
生産性	1人当たりの売上高は低水準 賃金・人件費等も、業界平均の85%水準 （14%アップを目指す）	1人当たり売上高 9,054千円 1人当たり人件費 3,672千円	1人当たり売上高 17,904千円 1人当たり人件費 4,259千円
総合	借入金が多く、資金繰りもタイト まず売上債権の回収を早める必要がある 中期的に収益性・生産性の目標値を定める	有利子負債 163,880千円 手元流動性 0.9か月	有利子負債 117,840千円 手元流動性 1.5か月

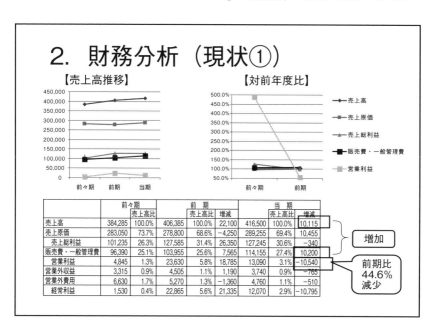

2. 財務分析（問題点・課題）

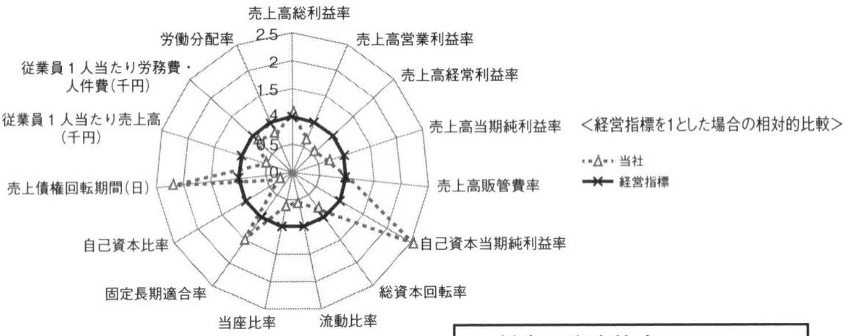

- 低自己資本比率
- 借入金への高い依存度
- 低収益性・低生産性
- 資金繰りの悪化

2. 財務分析（改善提案）

（１）資金繰りの改善
①売掛債権回収サイトの短縮
②仕入れ方法の見直し

（２）管理会計の導入
製品別の標準原価を算定
①標準直接材料費＝標準価格×標準消費量
②標準直接労務費＝標準賃率×標準作業時間
③標準製造間接費＝標準配布率×標準操業度

（３）製品別の採算性把握

（４）棚卸資産回転期間の適正化

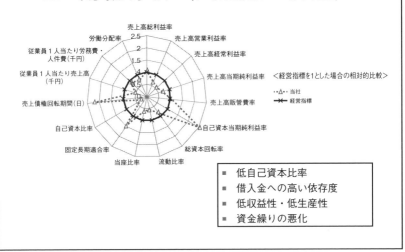

3.　生産・技術分析（現状①）

（1）生産形態

７割が受注生産で、残りの３割は主要取引先へのかんばん納入のためにフォーキャスト情報に基づく見込生産

（2）生産設備

①精密な切削加工が可能な複合旋盤機械

②複雑な工程のオートメーション化が可能なマシニングセンター

③測定設備

（3）生産手順

①仕様確認・見積提示②受注・生産指示③資材調達④加工・外注⑤品質管理⑥梱包・出荷

（4）生産管理

①進捗管理②現品管理③余力管理④納期管理

（5）生産活動効率化の取り組み

①段取り作業②外段取り化への取り組み③ロケーション管理

3.　生産・技術分析（現状②）

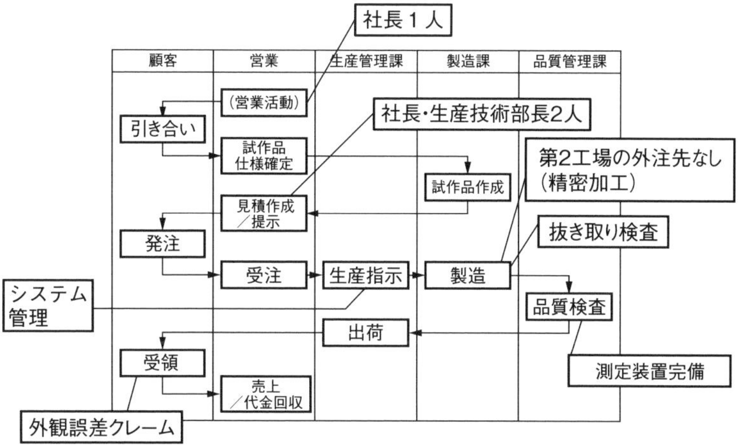

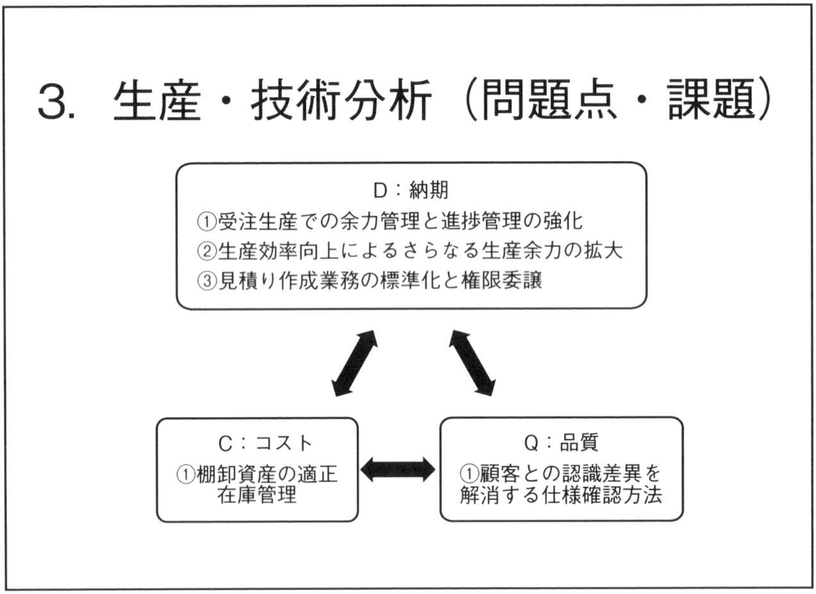
3. 生産・技術分析（問題点・課題）
D：納期
①受注生産での余力管理と進捗管理の強化
②生産効率向上によるさらなる生産余力の拡大
③見積り作成業務の標準化と権限委譲
C：コスト
①棚卸資産の適正在庫管理
Q：品質
①顧客との認識差異を解消する仕様確認方法

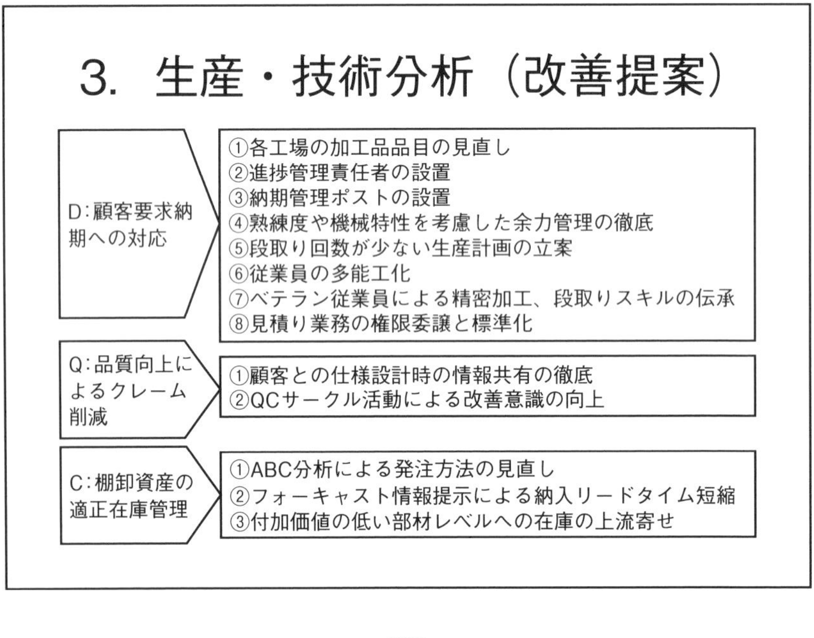
3. 生産・技術分析（改善提案）
D:顧客要求納期への対応
①各工場の加工品品目の見直し
②進捗管理責任者の設置
③納期管理ポストの設置
④熟練度や機械特性を考慮した余力管理の徹底
⑤段取り回数が少ない生産計画の立案
⑥従業員の多能工化
⑦ベテラン従業員による精密加工、段取りスキルの伝承
⑧見積り業務の権限委譲と標準化
Q:品質向上によるクレーム削減
①顧客との仕様設計時の情報共有の徹底
②QCサークル活動による改善意識の向上
C:棚卸資産の適正在庫管理
①ABC分析による発注方法の見直し
②フォーキャスト情報提示による納入リードタイム短縮
③付加価値の低い部材レベルへの在庫の上流寄せ

4. 人事・労務分析（現状）

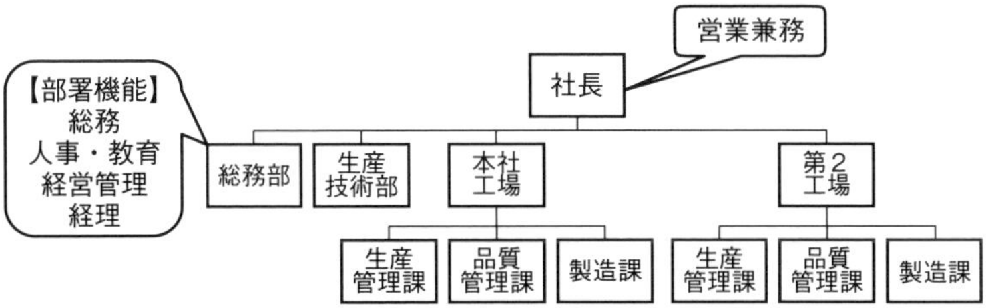

【年齢別人員構成】

年齢	計	男	女
60歳～	3	3	0
55歳～59歳	4	4	0
50歳～54歳	5	4	1
45歳～49歳	6	5	1
40歳～44歳	7	6	1
35歳～39歳	6	4	2
30歳～34歳	5	5	0
25歳～29歳	5	4	1
～24歳	5	4	1
計	46	39	7

バランス良

勤続年数では

【勤続年数別人員構成】

勤続年数	計	男	女
40年～	2	2	0
35年～39年	4	4	0
30年～34年	4	4	0
25年～29年	4	3	1
20年～24年	3	2	1
15年～19年	3	3	0
10年～14年	5	4	1
5年～9年	9	7	2
～4年	12	10	2
計	46	39	7

45.6%

4. 人事・労務分析（問題点・課題·改善提案）

人事戦略

- ①積極的な採用活動の実施
  - (a)知人紹介制度の導入
  - (b)就職博など外部採用イベントへの参加
  - (c)「実践型人材養成システム」の活用
- ②従業員満足度向上による従業員定着率の向上
  - (a)チューター（相談者）制度の導入
  - (b)資格取得補助、資格手当の充実
  - (c)顧客コメントの社員へのフィードバック
  - (d)従業員目安箱の設置とフィードバック
  - (e)コンピテンシー評価制度の導入

組織開発

- ①総務部の人員増強と業務分担の明確化
  - (a)総務担当
  - (b)経営管理担当
- ②営業部門の組織化と専任者の任命

能力開発

- ①階層別教育の体系化
- ②教育担当者の明確化
- ③高度な精密加工技術を持ったベテラン従業員の技術伝承業務への専任化

就業関係

- ①就業規則、賃金規程の改定及び教育規程の制定

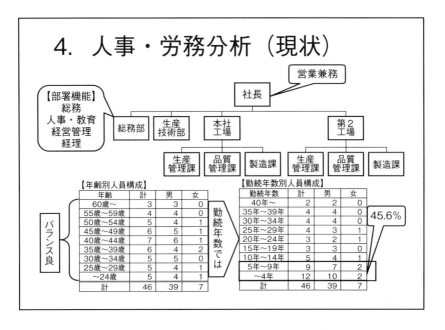

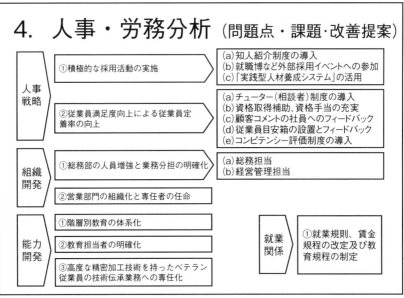

④　事業性評価を意識した報告書

1. 事業性評価

近年、金融庁が企業の事業性評価への積極的な取組みを金融機関に要請しており、各金融機関ではその取組みを強化しています。

事業性評価というのは、簡潔にいえば「**財務データ、担保・保証に必要以上に依存することなく、事業内容や成長可能性などを適切に評価し、企業を支援すること**」です。

もとより経営診断は、人的資源である従業員のモラールアップとその職場環境の改善をはじめ、多くの経営資源に視点を拡げて事業の持つ競争優位性や将来性、持続可能性についてさまざまな観点からアプローチを試みるものです。今後、事業性評価に重点を置く一連の流れの中で、コンサルタントとしてのアプローチの仕方や分析手法が、再認識されることになるでしょう。

本節では、独立行政法人中小基盤整備機構が公表しその普及に努めている「**事業価値を高める経営レポート（知的資産経営報告書）の作成マニュアル改訂版**」に準じて、「Y 製作所（株）」のケースについて「経営診断報告書」を再構成して掲載をしています。本章②③とあわせて、報告書・プレゼン資料のまとめ方として参考にしていただければ幸いです。

なお、「事業価値を高める経営レポート」は、ベンチャー・リレーションシップバンキング・事業承継・知的財産・マーケティング・人材強化の６つのテーマ別の取組み事例や経営レポートの骨子について、ダウンロードできます。レポート上の KPI（Key Performance Indicator）は重要事項評価指標、KGI（Key Goal Indicator）は重要目標達成指標のことをいいます。

2. 1枚にまとめる

第2次世界大戦中、大本営作戦参謀であった瀬島龍三氏は、伊藤忠商事に勤務した頃、社内の報告書は1枚が原則で、多くても3枚までと徹底したそうです。限られた時間内で書類を通じてプロジェクトの実情をつかみ意思決定をするためには、報告書を1枚に要約することが必要だったと思われます。

報告する側が1枚に収めるためには、その多くを切り捨てて真に重要なものだけを残す再考察と作業が必要になり、実務上は、これが非常に重要になります。

『「超」整理法』『「超」説得法』の著書で有名な野口悠紀雄氏は、「一撃で仕留めよ」と提唱されます。氏はこれまで入学試験や学位論文の口頭試問で、試験者側の経験を何度もしました。その経験を通じていえるのは、「だらだらと次から次へといくつもの論点をあげるのは駄目」で、「君の言いたいことは要するに何なのか？」と聞くことがよくあったそうです。これに対して「適切な一言」が返ってこなければ不合格にしてまず間違いないと指摘されています。内容がないから一言で要約できないということです。

「経営診断報告書」や「改善提案書」についても同様のことがいえます。多忙を極める経営者や経営陣がひとめ見て理解し、改善意欲をかき立てられるかどうか、実行にすぐ移せる内容が盛り込まれているかどうかが重要になります。まず、目を通してもらわないと始まりません。ボリュームのある報告書に、最終的に1枚物の要約版を添付することも有効です。

本書に掲載した、

- **図表 4-1-7「経営改善に関しての基本的認識」**
- **図表 4-2-1「Y製作所の診断フローチャート」**
- **図表 4-4-1「事業価値を高める経営レポート」**

などが、A4またはA3用紙1枚にまとめる「シンプルな報告書」のあり方として参考になるでしょう。

図表 4-4-1 「事業価値を

事業価値を高める経営レポート　　商号：Y製作所株式会社　　作成日：○○年○○月○○日

キャッチフレーズ「日々の努力を怠らず、お客様に誠実に」をモットーに高度な加工技術に挑戦します

Ⅰ．経営理念（企業ビジョン）

1．高品質の精密機械製品提供　　2．技術を通じた社会貢献

Ⅱ-1．企業概要

【代表者】○○○○
【所在地】△△△
【電話番号】×××
【事業内容】精密機械器具メーカー
【資本金】1700万円
【従業員】46名
【年商】4億1600万円

Ⅱ-2．沿革

・昭和○年○月創業
・平成○年株式会社化
・平成○年北関東に第2工場建設

Ⅱ-3．受賞歴・認証・資格等

・平成○年ISO9001認証取得
・平成○年△△市商工会議所優良企業賞受賞

Ⅲ-1．内部環境（業務の流れ）

① 営業 仕様確認 → ② 受注 生産指示 → ③ 資材調達 → ④ 加工・外注 → ⑤ 品質管理 → 顧客提供価値
顧客の期待に応える高度な加工技術

業務の流れ	他社との差別化につながっている取組
①営業仕様確認	・社長、生産技術部長による迅速な見積もりの提示と受注決定
②受注生産指示	・実在庫数、引き当て済み在庫数等が生産管理システムで分かる仕組み
③資材調達	・自社購入がほとんどで生産管理課でコントロールしている
④加工・外注	・本社工場、マニシングセンター、第2工場で加工業務を分担、特定の協力会社の存在
⑤品質管理	・専用の測定機械を使用して検査を実施している
顧客提供価値	・高度な切削加工技術力で、顧客のニーズに応える受注生産が7割を占める

Ⅲ-2．内部環境（強み·弱み）

【自社の強み】

・大手メーカーとの良好な関係
・切削技術力
・3D-CADや加工設備の充実
・銀行からの信用力が高い
・充実した生産システムの保有

【その理由・背景】

・長年の取引実績
・担保余力十分
・生産関係の設備投資は継続的に実施
・熟練工の存在

【自社の弱み】（経営課題）

・営業体制が不十分
・生産余力の不足
・仕上がり品質のクレームが多い
・従業員の定着率が低い
・売掛金回収サイトが長い
・1人当たり年間売上高が低い

【その理由・背景】

・社長の営業力への依存度が高い
・生産余力の管理が不十分
・段取り作業に熟練度が要求される
・クレームは主に外観印象の違いによる
・テキスト、マニュアルの不整備

高める経営レポート」

Ⅳ．外部環境（機会と脅威）

機　会	取組の優先順位
・医療用機器の需要増加	1
・デジタル一眼レフカメラの需要増加	2
・精密加工ニーズ	3
・精密測定機器の受注引き合いの増加	4

脅　威	取組の優先順位
・短納期要請	1
・かんばん在庫の保有要請	2

Ⅴ．今後のビジョン（方針・戦略）

外部環境と知的資産を踏まえた今後のビジョン	①	切削加工技術力で、医療機器・精密機器測定の加工需要を取り組む
	②	営業体制、生産余力を強化し、受注引き合い増加に対処する
	③	生産管理システムの充実、在庫管理の徹底により短納期要請に応える

今後のビジョンを実現するための取組	・段取りスキルの伝承 ・若手管理者の登用 ・積極的な採用活動と定着率の向上、教育体制の見直し ・業績目標と業績評価指標（目標）の設定

Ⅵ．価値創造のストーリー

		【過去～現在のストーリー】（△△年～△△年）知的資産の活用状況	【現在～将来のストーリー】（○○年～○○年）知的資産の活用目標
知的資産・KPI	人的資産	・見積もり担当者２名 ・高齢の技能管理者２名 ・教育体系の整備	・見積もり担当者４名育成 ・技能管理者４名育成 ・若手管理職登用 ・新人事評価制度の導入 ・後継者育成
	構造資産	・加工技術（OJT） ・段取りスキル（非伝承） ・独自の工場設備	・加工技術（マニュアル化） ・段取りスキル（伝承・強化） ・設備更新、生産余力の強化
	関係資産	・外注協力会社８社 ・クレーム発生	・外注協力会社（第２工場）発掘 ・クレーム圧縮、継続受注
	その他	・資金繰タイト	・管理会計導入 ・有利子負債削減
KGI		【現在】 ・売上高４億1600万円 ・売上高営業利益率3.1％	【将来】 ・５年後の売上高８億円 （従業員１人売上高で同業平均を超える） ・売上高営業利益率６％以上 （過去最高の達成可能水準へ）

⑤ ローカルベンチマーク

経済産業省から、「**企業の健康診断**」を行うツール（道具）として、**ローカルベンチマーク（通称：ロカベン）**が公表されています。もともとは、地域企業に焦点を当てた地域経済の持続繁栄を促すためのものです。経営者と金融機関・支援機関（中小企業診断士等）が、企業の経営力評価と経営改善に向けた状態を把握し、双方が同じ目線で対話を行うための基本的な枠組みであり、事業性評価の「入口」としての活用が期待されています。

数字から得られる「**財務情報**」[1)]と、数字からは見えない「**非財務情報**」[2)]に関する各データやコメントの入力により、企業の経営状態を把握し、その変化・状況等を「見える化」することで、対話や早期の支援につなげていこうとする企業分析簡易ツールです。

「中小企業等経営強化法」（平成28年7月）の施行に伴い、事業計画（＝「経営力向上計画」）策定の際には、このローカルベンチマークの財務指標等の活用が推奨されています。事業計画について国の認定を受けた所定の事業者は、固定資産税が軽減される等の優遇措置を受けられるところから、今後、実務上はローカルベンチマークの活用が必須となっていくでしょう。

---

1)「財務情報」（6つの指標）：①売上高増加率（売上持続性）、②営業利益率（収益性）、③労働生産性（生産性）、④EBITDA有利子負債倍率（健全性）、⑤営業運転資本回転期間（効率性）、⑥自己資本比率（安全性）

2)「非財務情報」（4つの視点）：①経営者、②事業、③企業を取り巻く環境・関係者、④内部管理体制
経済産業省「ローカルベンチマーク」で検索、ツールのダウンロードが可能です。

図表 4-5-1　ローカルベンチマーク（イメージ）

企業の健康診断ツール
ローカルベンチマーク

■基本情報

商号	株式会社○○
所在地	東京都○○
代表者名	○○ ○○
業種_大分類	03_製造業
業種_小分類	0301_食料品・飼料・飲料製造業
事業規模	中規模事業者
売上高	5,250,128(千円)
営業利益	36,500(千円)
従業員数	40(人)

■財務指標(最新期)

指標	2016年3月		
	算出結果	貴社点数	業種基準値
①売上増加率	10.4%	4	2.3%
②営業利益率	0.7%	3	1.4%
③労働生産性	913(千円)	3	541(千円)
④EBITDA有利子負債倍率	2.7(倍)	3	4.5(倍)
⑤営業運転資本回転期間	1.2(ヶ月)	3	1.6(ヶ月)
⑥自己資本比率	35.4%	3	26.7%
	総合評価点	19	B

財　務　分　析　結　果

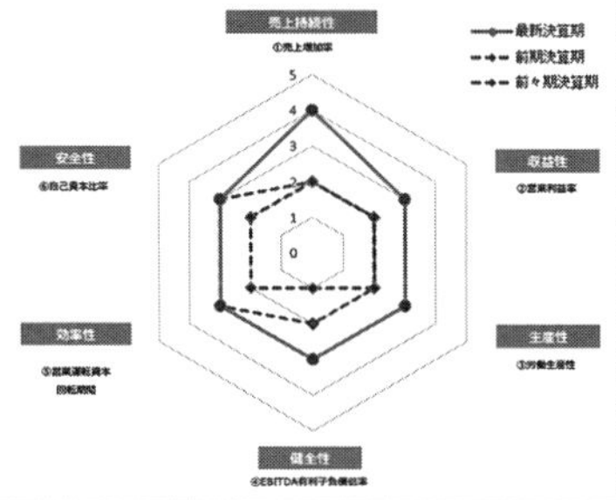

■財務指標（過去2期）

指標	2015年3月			2014年3月		
	算出結果	貴社点数	業種基準値	算出結果	貴社点数	業種基準値
①売上増加率	-2.4%	2	2.3%	-1.2%	2	2.3%
②営業利益率	-0.3%	2	1.4%	0.1%	2	1.4%
③労働生産性	-383(千円)	2	541(千円)	140(千円)	2	541(千円)
④EBITDA有利子負債倍率	61.2(倍)	1	4.5(倍)	26.3(倍)	2	4.5(倍)
⑤営業運転資本回転期間	2.8(ヶ月)	2	1.6(ヶ月)	1.1(ヶ月)	3	1.6(ヶ月)
⑥自己資本比率	2.1%	2	26.7%	24.2%	3	26.7%
	総合評価点	11	D	総合評価点	14	C

※１各項目の評点および総合評価点は各項目の業種基準値からの乖離を示すものであり、点数の高低が必ずしも企業の評価を示すものではありません。非財務指標も含め、総合的な判断が必要なことにご留意ください。

※２レーダーチャートで3期分の財務分析結果の推移が確認できるため、各指標が良化（あるいは悪化）した要因を非財務の対話シートを活用しながら把握することで、経営状況や課題の把握に繋がります。

経済産業省
Ministry of Economy, Trade and Industry

※総合評価点のランクはA：24点以上、B：18点以上24点未満、C：12点以上18点未満、D：12点未満

※セルの保護パスワードは「attack」となります。保護解除により、計算式等が崩れる可能性もあるため、解除後の作業はご利用者

企業の健康診断ツール
ローカルベンチマーク

商号	株式会社○○
売上高	5,250,128(千円)
営業利益	36,500(千円)
従業員数	40(人)

①経営者	経営理念・ビジョン 経営哲学・考え・方針等	「地元とともに発展していく事業を常に検討し、実施していく」が経営理念。 社員に対しては、①社会的な責任を果たすこと、②常にチャレンジすること、③感動を創造できる人間を目指すこと、を方針として伝えている。 経営の見える化を行っている。試算表を開示し損益分岐点の開示による経営感覚の醸成をしている。
	経営意欲 ※成長志向・現状維持など	今年度創業○○年目であるが、まだまだ出来ることは多いと考えている。 目標としている売上高○○億円を目指して社長自ら直販先の開拓のための営業を行っている。
	後継者の有無 後継者の育成状況 承継のタイミング・関係	後継者は経営企画会議のメンバー全員で推薦で選んだ候補者がいる。 現在は専務として経営全般について学ばせているところ。 前任者が実施したことを洗い直し、引き継ぎに備えている。
②事業	企業及び事業沿革 ※ターニングポイントの把握	○○年に現在の社長と副社長の２名で創業。 当時は東京都内で飲食店３件の運営をしていたが、地元に貢献したいと考え、都内の店を閉じて現在の本社に移転してきた。 その後、○○年に飲食部門に加えて、食品製造部門を設立し現在に至る。
	強み 技術力・販売力等	自社で一貫して提供可能なデザイン・公告技術は最大の強み。 当社商品を見て、公告や、ラベルデザインの制作依頼を受けるほどである。 デザイン力などは商品のブランディングにも生きている。
	弱み 技術力・販売力等	販路が問屋経由となっており、大手スーパーなどへの直販ルートに課題。 また、製造部門についてもまだまだ内製化の余地がある。 売上拡大に伴い、原材料の安定仕入も今後課題となりうる。
	ITに関する投資、活用の状況 1時間当たり付加価値（生産性）向上に向けた取り組み	在庫管理・製造管理に関するシステムを入れており、滞留在庫や歩留まり率について経営陣がすぐに把握できる体制となっている。経理業務もクラウド会計を導入して効率化し、３名いた経理担当を１名商品開発に移せた。
③企業を取り巻く環境・関係者	市場動向・規模・シェアの把握 競合他社との比較	地元の○○食材を使った商品を製造している企業は当社のみである。 しかし、地域特産品を使った食品というカテゴリーでの認知度はまだまだ低いという認識。今後、営業体制を強化していく。
	顧客リピート率・新規開拓率 主な取引先企業の推移 顧客からのフィードバックの有無	当社商品のリピート率は高いと聞いているが、問屋経由のためユーザーの声を直接吸い上げる仕組みになっていないため、詳細を把握出来ていない。 現在の主な販売先は、食品卸E社と食品卸F社。
	従業員定着率 勤続年数・平均給与	定着率　2016年　100%　毎年ほぼ100%　平均年齢　４０歳 県内の他の企業と比較し平均年齢はかなり若い。 給与制度について、成果が十分に反映される仕組みを検討している。
	取引金融機関数・推移 メインバンクとの関係	現在は地元○○銀行がメインで、準メインは△△信金。 ○○銀行は毎月本部職員同行で訪問してきてくれている。
④内部管理体制	組織体制 品質管理・情報管理体制	品質管理について、ITシステムを導入し見える化している。 一方で、企業の成長に人事制度が追いついていないため、給与制度含めた社内体制の整備を検討中。
	事業計画・経営計画の有無 従業員との共有状況 社内会議の実施状況	○○銀行にも協力してもらい、向こう５年間の事業計画を本年度策定。 従業員にも共有しており、目指す方向性を理解してもらっている。 商品開発会議は社長以下従業員が全員参加しアイディアを出している。
	研究開発・商品開発の体制 知的財産権の保有・活用状況	現在外注している製造工程の内製化を目指して、試行錯誤を繰り返している。また、自社ブランドについて商標登録を申請中。
	人材育成の取り組み状況 人材育成の仕組み	現在、人事評価システムの刷新を検討中。 地元商工会議所の研修を活用し、部長クラス以上には財務諸表の読み方などを理解してもらおうとしている。

対話内容の総括

現状認識
今年度で創業○○年であるが、売上拡大し人員も増加している。
その要因は社員全員でアイディアを出し合う商品開発力と、高いデザイン・公告技術に裏打ちされたブランディングにある。
今後更なる事業拡大のためには、直販ルートの開拓や、人事制度の見直しが必要と認識している。

将来目標
地元の○○食材を使った当社商品が全国のスーパーなどで扱われ消費者に親しまれること。
○○年度までに売上○○億円を達成するために、直販で○○億円の売上確保と、安定した商品供給のための製造工程の完全内製化を目標とする。

現状と目標のギャップ

課題
・直販ルート開拓のための営業体制の強化が急務。
・ヒット商品を開発した社員、すぐれた営業成績を上げた社員等を適切に評価する人事体制の構築。

対応策
・販路拡大について、○○銀行の商談会等を活用。
・食品業界で営業実績のある人物の中途採用のために、求人サイトへ登録。
・人事評価制度について、地元商工会議所を経由して専門家を紹介してもらうことを検討。

経済産業省
Ministry of Economy, Trade and Industry

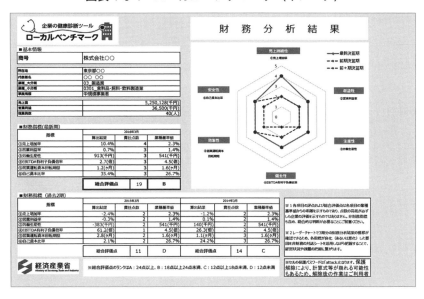

コラムⅥ

1枚のリスト

1890年のこと、ピッツバーグでカクテルパーティーが催され、USスティールの創業者アンドリュー・カーネギーをはじめ大勢の名士や有名人が招待されました。誰かがカーネギーにフレデリック・テイラーを紹介しました。のちに、“科学的管理法の父”として知られるようになる人物ですが、当時はまだ売り出し中のコンサルタントです。

「やあ、お若いの」とカーネギーはうさんくさそうに若者に一瞥をくれて言いました。「君が経営について聞くに値することを言ったら、1万ドルの小切手を送ってやろう」

テイラーは臆せず答えます。「あなたにできる重要なことを10項目列挙したリストを作ることをおすすめします。リストができあがったら、1番目の項目から実行してください」

この話には後日談があります。1週間後にテイラーは、1万ドルの小切手を受け取ったのです。

「重要であって、かつ実行可能なことのリストをつくること」をテイラーは助言したのです。その助言に従ったカーネギーは、最も重要な目標を選び出し、どうやってそれを達成するかについて熟考したに違いありません。だから気前よく1万ドルを払ったのです。

――リチャード・P・ルメルト著／村井章子訳『良い戦略、悪い戦略』（日本経済新聞出版社）より引用

このリストが1枚物だったかどうかは知る由もありませんが、シンプルなものであったことは想像できます。現在の状況を再考察して「いまやるべきこと」が明確になれば、問題解決に向けた行動を起こせます。コンサルタントは、そんなアドバイスや報告書の作成を常に心がけたいものです。

参考文献

＜第１章＞

(一社) 中小企業診断協会編『中小企業の評価・診断・支援』同友館、2004 年

(一社) 中小企業診断協会編『中小企業診断士実務補習テキスト』

永田豊志著『知的生産力が劇的に高まる最強フレームワーク 100』ソフトバンククリエイティブ、2008 年

手塚貞治著『戦略フレームワークの思考法』日本実業出版社、2008 年

内田和成著『仮説思考』東洋経済新報社、2006 年

斉藤嘉則著『新版問題解決プロフェッショナル』ダイヤモンド社、2010 年

＜第２章＞

マイケル・E・ポーター著　土岐坤／中辻萬治／服部照夫訳『新訂競争の戦略』ダイヤモンド社、2011 年

スティーヴン・P・シュナーズ著　内田学監訳　山本洋介訳『マーケティング戦略』PHP 研究所、2004 年

和田充夫／恩蔵直人／三浦俊彦著『マーケティング戦略』有斐閣アルマ、2012 年

酒井光雄著『コトラーを読む』日経文庫、2007 年

恩蔵直人著『マーケティング』日経文庫、2004 年

片山又一郎著『改訂版　マーケティングの基礎知識』PHP 研究所、2004 年

菅谷義博著『80 対 20 の法則を覆すロングテールの法則』東洋経済新報社、2006 年

W・チャン・キム／レネ・モボルニュ著　入山章栄監訳　有賀裕子訳『新版　ブルーオーシャン戦略』ダイヤモンド社、2015 年

＜第３章＞

(一社) 中小企業診断協会編『中小企業実態基本調査に基づく中小企業の財務指標　平成 27 年調査』同友館、2017 年

宇田川荘二著『中小企業の財務分析　第三版』同友館、2016 年

日本経済新聞社編『財務諸表の見方　第 11 版』日経文庫、2013 年

國貞克則著『決算書がスラスラわかる財務 3 表一体理解法』朝日新聞社、2007 年

中小企業庁財務課『中小企業の会計 34 問 34 答　平成 23 年指針改正対応版』2013 年

＜第４章＞

金融財政事情研究会編　『業種別審査事典　第 5 巻』きんざい、2016 年

石野雄一著『ざっくり分かるファイナンス』光文社新書、2007 年

独立行政法人中小企業基盤整備機構『事業価値を高める経営レポート（知的資産経営報告書）作成マニュアル　改訂版』、2012 年

経済産業省『ローカルベンチマークの手引き』『ローカルベンチマーク「参考ツール」利用マニュアル』、2018 年

索　引

【数字】

【A〜Z】

【あ行】

【か行】

【さ行】

【た行】

【な行】

編著者・執筆者紹介

【編著者】

平賀　均（ひらが　ひとし）…［企画／第１章・第２章⑪・第３章・第４章①④⑤］執筆
早稲田大学卒業。早稲田大学ビジネススクール卒業。日本生命保険(相)、ニッセイ保険エージェンシー(株)を経て、2015年独立。中小企業診断士、CFP。著書『事業承継税制特例承継計画と納税猶予の申請』（ロギカ書房）他。

【執筆者】（50音順）

大坂　隆洋（おおさか　たかひろ）……………………………………………［第２章⑧］執筆
日本大学卒業。千代田区議会議員。中小企業診断士、建築物環境衛生管理技術者。著書『地域ブランドへの取組み』『中小企業診断士の実像』『アジアからの留学生ニッポンで起業する！』（共著、同友館）

栗田　大介（くりた　だいすけ）……………………………［第２章⑤⑦・第４章③］執筆
明治大学政治経済学部卒業。民間コンサルティング会社勤務。中小企業診断士。著書『続・中小企業診断士の実像』（共著、同友館）

櫻田登紀子（さくらだ　ときこ）……………………………………………［第２章⑩］執筆
筑波大学卒業。(株)バンダイ、大日本印刷(株)を経て、2008年中小企業診断士として独立開業。著書『幸福《しあわせ》を呼ぶインタビュー力』（労働調査会）、『決断と再生』（編著、同友館）

佐々木晴之（ささき　はるゆき）……………………………………………［第２章③］執筆
東京理科大学卒業。中小企業診断士。技術士（電気電子部門）。著書『地域ブランドへの取組み』『中小企業診断士の実像』『アジアからの留学生ニッポンで起業する！』（共著、同友館）

竹之内哲広（たけのうち　あきひろ）……………………………………［第２章④⑫］執筆
慶應義塾大学卒業。NTTコミュニケーションズ(株)勤務。中小企業診断士、システム監査技術者、ITコーディネータ、産業カウンセラー。著書『アジアからの留学生ニッポンで起業する！』（共著、同友館）

沼田　和広（ぬまた　かずひろ）………………………………………………［第2章①⑨］執筆
国際基督教大学教養学部卒業。大成建設(株)を経て、2014年独立。建設業・不動産業を中心にワンストップで企業を支援。中小企業診断士、事業承継士、宅地建物取引士、マンション管理士、認定ファシリティマネジャー、CIA（公認内部監査人)、1級販売士、TAM（中小企業事業再生マネージャー)、MBA（経営学修士)。

和氣　俊郎（わけ　としお）…………………………………［第2章②⑥・第4章②］執筆
日本大学生産工学部卒業。東芝テック(株)を経て、2014年独立。中小企業診断士。TOC-ICO登録Jonah（思考プロセス)。著書『続・中小企業診断士の実像』（共著、同友館）『たった1枚の誰でも意思決定できてしまうブレイン・コネクト』（共著、三恵社）他

【アドバイザー】

板垣　利明（いたがき　としあき）
慶應義塾大学卒業。中外製薬(株)上席執行役員 CFO。
著書『「オンリーワン企業」はここが違う』『ニッチを狙え！』（編著、経林書房)、『老舗の強み』『地域ブランドへの取組み』『アジアからの留学生ニッポンで起業する！』（編著、同友館）

田村　守（たむら　まもる）
長崎大学経済学部卒業。中央信託銀行、関連会社勤務を経て2003年独立。田村経営労務事務所代表。中小企業診断士、社会保険労務士。著書『「オンリーワン企業」はここが違う』『ビジネスリーダーの夢と挑戦』（共著、経林書房)、『老舗の強み』『地域ブランドへの取組み』（共著、同友館）他

安田　龍平（やすだ　りゅうへい）
早稲田大学大学院卒業。大日本製糖(株)・(株)紀文を経て、1979年独立創業。YCS（安田コンサルティングセミナー・中小企業診断協会のマスターコース）創設者、代表。著書『中小企業診断士の実像』『アジアからの留学生ニッポンで起業する！』『決断と再生』（編著、同友館）他多数。2012年6月永眠。

2010年12月24日　初版　第1刷発行
2016年11月 1 日　新版　第1刷発行
2023年 3 月 1 日　新版　第5刷発行

新版　コンサルタントのフレームワーク

©編著者　平賀　均
発行者　脇坂　康弘

発行所　株式会社　同友館
東京都文京区本郷 3-38-1
郵便番号　113-0033
電話　03(3813)3966
FAX　03(3818)2774
https://www.doyukan.co.jp/
落丁・乱丁本はお取替え致します。　美研プリンティング／松村製本所
ISBN 978-4-496-05227-9　Printed in Japan